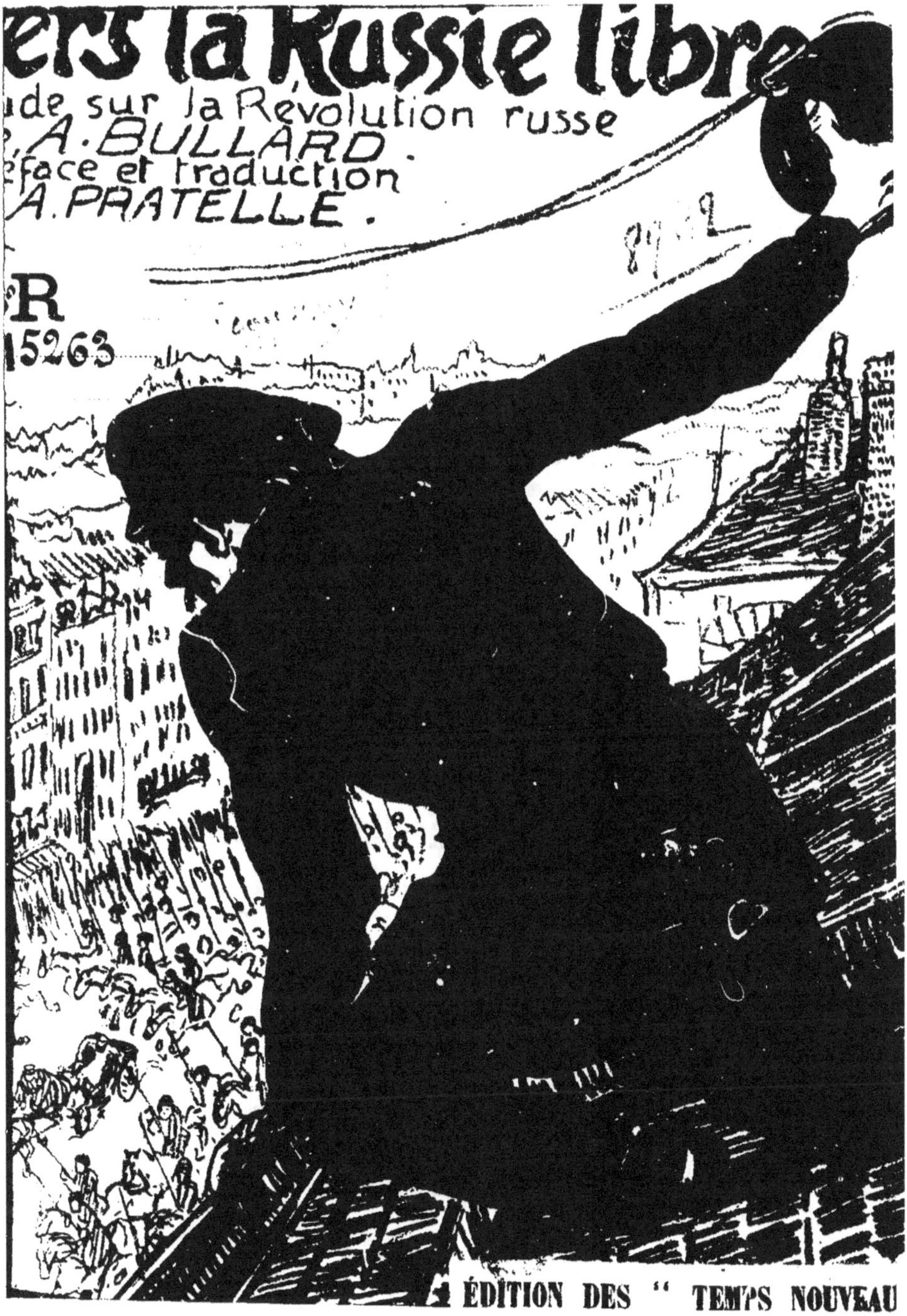

ers la Russie libre

ude sur la Révolution russe
A. BULLARD.
éface et traduction
A. PRATELLE.

ÉDITION DES " TEMPS NOUVEAU

LECTURES POUR ENFANTS

Tous les livres de lecture pour enfants sont entachés de fausse morale religieuse ou bourgeoise. Nous avons cherché, dans la littérature de divers pays, les contes qui pouvaient amuser sans fausser l'esprit, et, à cette heure, nous avons en vente trois volumes de contes choisis, intitulés le *Coin des Enfants*, 1re, 2me et 3me séries, contenant des illustrations de Hermann-Paul, Kupka, Delannoy, Hénault Iribe, Willaume, E. H. T. et Delaw.

Chaque volume : 3 francs.
Les trois ensemble : 7 fr. 50

BIBLIOTHÈQUE DOCUMENTAIRE

Tous ceux qui exècrent la GUERRE,
Tous ceux qui ont la haine du MILITARISME, **doivent lire :**

Guerre-Militarisme
Patriotisme-Colonisation

Recueils de tout ce que les écrivains les plus en vue, de toutes les époques, ont écrit contre la GUERRE *et tous les maux qu'elle engendre.*

Chacun des deux volumes : **3** fr. **50.** *Nous les laissons à nos lecteurs, à raison de* **2** fr. **50** *l'exemplaire franco.*

Il reste encore quelques-uns de ces volumes en édition de luxe superbement illustrés, à **6** fr. **50.**

Album, contenant les 52 dessins parus dans la 11e année des *Temps Nouveaux*, dus au crayon de AGARD, BRADBERRY, COUTURIER, W. CRANE, DELANNOY, DELAW, GELNER, GRANDJOUAN, HÉNAULT, HERMANN-PAUL, P. IRIBE, JOSSOT, KUPKA, LEBASQUE, LUCE, B. NAUDIN, ROBIN, ROUBILLE, RYSSELBERGHE, STEINLEN, VAN DONGEN et WILLAUME.

Prix : 5 francs ; Franco : 6 francs.

Publications des " TEMPS NOUVEAUX ". — N° 35

D. A. BULLARD.

Vers la Russie Libre

TRADUCTION DE A. Pratelle.

Prix : 40 centimes

PARIS
BUREAU DES " TEMPS NOUVEAUX "
— 4, Rue Broca, 4. —

1908.

PRÉFACE.

Révolution Russe ! Douloureuse bien aimée ! Connaitrons-nous jamais exactement tes luttes, ton héroïsme, ton martyrologe ? Parviendrons-nous un jour à lever le manteau de silence que le Moloch tzariste maintient sur toi depuis tant d'années ? Nous sera-t-il permis de suivre pas à pas les mille péripéties de ton drame grandiose ? Ton sacrifice devra-t-il rester perdu pour l'humanité ? Ta voix ne va-t-elle pas s'élever formidable au dessus de nos foules léthargiques pour les inspirer de ton vivant exemple, pour leur insuffler un peu de l'héroïque ardeur qui t'anime ?

Révolution chère à nos cœurs, courage ! Les frères d'Occident s'efforcent de te comprendre. Ils sentent désormais que ta cause est leur cause. Ils souffrent tes souffrances et débordent d'enthousiasme à l'annonce de tes victoires. Dans ces contrées où la tyrannie avait jusqu'ici récolté l'huile indispensable pour ranimer son foyer mourant, tu vas trouver demain les armes nécessaires à ton triomphe final.

Oui, les temps sont changés, quoi qu'on dise ! Aujourd'hui, nous savons qu'ils sont nos camarades, les innombrables martyrs qui vont peupler les geôles du Petit Père et les steppes lointaines de Siberie.

Nous les appelons nos frères, ces vaillants, nos sœurs, ces vaillantes qui, de temps à autre, se sacrifient pour abattre un fauve. Nous comprenons que le joug qui pèse sur les épaules du prolétariat russe n'est pas très différent du fardeau d'esclavage qui pèse sur nos épaules. Nous avons la pleine certitude que l'immense peuple des moujiks va se rencontrer bientôt avec nos paysans dans une unanime aspiration vers le bien-être et la vie libre.

Nous, producteurs de l'Occident, voyons à présent bien au

delà du clocher de notre village, de notre cadre national et même de notre groupe ethnique. Au delà de nos revendications personnelles, les grands conflits mondiaux nous passionnent, ranimant nos courages, et nos cœurs se sentent solidaires de tous les hommes, de quelque souche qu'ils descendent. C'est avec ce sentiment, Révolution chérie, que nous te dédions cette œuvre de vulgarisation si remarquable, grâce à laquelle nous avons acquis de toi une connaissance plus intime. Accepte-la comme gage de notre inaltérable amitié et de notre alliance pour les luttes prochaines

Aristide Pratelle

Vers la Russie Libre

« L'histoire de toutes les Sociétés, jusqu' à aujourd'hui, c'est l'histoire de la lutte de classes ». Cette parole est de Karl Marx et sa justesse a été reconnue par un grand nombre d'historiens de notre époque.

Du jour où les plébéiens de Rome se levèrent contre les oppresseurs du patriciat, la classe des travailleurs inaugura les révolutions. Incendie des châteaux, mise en pièces des machines, défense des barricades, lutte plus calme mais non moins âpre des grèves et des boycottages, les producteurs, par toute la terre, n'ont pour ainsi dire pas cessé d'être en révolte contre la classe qui ne produit pas. Par moments, ces révoltes ont pu être inspirées, dirigées ou détournées de leur but, par des hommes d'une autre classe, mais toujours la force et le sang ont été dépensés par les travailleurs. En aucune révolution, même la Commune de Paris, les plaintes et les aspirations des travailleurs n'ont été aussi clairement et aussi opiniâtrement exprimées que dans la Révolution Russe. Elle est par excellence une révolution ouvrière.

Durant ces deux dernières années, bien des choses ont été écrites sur la Russie, la plupart du temps dans des volumes coûteux ou bien dans des publications mensuelles ou hebdomadaires hors de la portée de la grande majorité des salariés. Les travailleurs français ont dû s'en rapporter aux quotidiens pour se documenter. Cette source d'informations a deux graves défauts. Toujours éparpillées, les nouvelles ne sont jamais présentées sous la forme de narrations, et ensuite, elles sont généralement entachées de partialité.

Errata. — Par suite d'une erreur d'imposition les lecteurs trouveront la page 7 à la place de la page 5 et la page 5 à la place de la page 7.

autre république. En d'autres parties de l'empire, il y a des tribus sauvages plus ignorantes que nos Indiens. Entre ces extrêmes est la grande masse du peuple russe. Uue classe minuscule, l'Intelligenzia, est plus cultivée que les intellectuels des autres pays, alors que dans les villages paysans, il est souvent difficile de trouver quelqu'un sachant lire..La Pologne et la Finlande sont des exemples pris parmi la douzaine de nations disparates assimilées et dont la haine n'est pas concentrée sur le Tsar en particulier, mais est étendue au peuple russe en général. Toutes ces dissemblances font qu'il devient de plus en plus malaisé de parler du peuple russe comme d'un ensemble. Les distances sont si considérables, les moyens de transport si inégaux, l'éducation si diverse, que toute unité d'action devient difficile à l'extrême.

Gapone

Le Nouvel An de 1905 fit son entrée au milieu des rires habituels à « l'Ours », le restaurant select du centre de Saint-Pétersbourg. D'innombrables lustres y flamboyaient. Un orchestre militaire s'y faisait entendre. Des officiers, dans de splendides uniformes, et des femmes vulgaires, les habituées de la Cour, en grande toilette, remplissaient la nuit des éclats de leur gaîeté. Tandis que là-bas, dans le faubourg ouvrier, tout était tristesse. Les rares lumières y étaient toutes petites. La musique, c'était les voix plaintives des mères, chantant les airs appris au village afin que leurs enfants souffreteux ne pensent plus au froid de l'hiver. Plus honnêtes que les femmes de « l'Ours », ces femmes ne les égalaient pas en beauté. Point de gaieté. Le Nouvel An ne leur apportait comme promesses que douze nouveaux mois de servitude ; douze nouveaux mois de désolation, avec des heures de travail interminablement longues et des salaires exagément minimes ; douze nouveaux mois d'usure mentale, morale et physique, de routine machinale, de famine et d'entassement dans des bouges.

La raison principale d'une telle confusion, c'est que les Russes donnent à des mots ayant un sens très précis dans les histoires de l'Europe occidentale des significations totalement différentes. Ainsi, vous entendez parler d'un « marchand de la première Guilde », vous pensez aussitôt aux guildes de métier anglaises et vous cherchez en vain leur équivalent en Russie. Il n'y a pas d'analogie entre la « classe bourgeoise » dans ce pays et les bourgeois des vieilles cités flamandes. On fait souvent allusion aux « anciennes républiques de Kazan et de Novgorod ». En réalité, elles ressemblaient plutôt au vieil Empire Germain qu'à des républiques. Quand la dynastie s'éteignit, comme cela arrivait souvent en ces temps de luttes, de de poison et de meurtres, quelques hauts personnages s'assemblèrent, et ils élirent un nouveau despote. Le clergé comme la noblesse y jouent un rôle tout autre que dans l'Europe occidentale.

Pour étudier la Russie, il faudra abandonner toutes idées préconçues. La Russie n'est pas plus un despotisme asiatique en avance qu'elle n'est un Empire occidental en retard. La civilisation slave est unique. Elle a subi l'influence des hordes tartares de l'Est ainsi que des idées de ses voisins occidentaux ; elle est néanmoins distincte des uns et des autres. Croire que le développement historique de la Russie doit suivre le même cycle que celui de l'Europe occidentale ne peut conduire qu'à des erreurs extravagantes.

De même, on se souviendra que la Russie n'est pas une nation, mais un groupe de nations. Ses cent et quelques millions d'habitants parlent quatre-vingt langues différentes. Elle englobe un territoire deux fois grand comme les États-Uuis, et les moyens de communication y sont fort peu développés. Odessa, sur la Mer Noire, et Saint-Pétersbourg, sur la Baltique, communiquent plus facilement entre eux que nombre de villages séparés par quelques lieues.

Le niveau de l'éducation dans chaque localité est très inégal. Dans les provinces baltiques, par exemple, il y a plus d'individus sachant lire et écrire, par cent habitants, que dans aucune

Les pages qui suivent ont été écrites avec l'idée qu'il y a en France un grand nombre de travailleurs désireux de savoir comment et pourquoi leurs frères se battent à l'autre bout du monde et qui attendent un exposé complet et succinct de la plus grande des révolutions mondiales.

Ces chapitres n'ont pas de prétentions historiques. Les événements sont trop récents et l'écrivain les a suivis de trop près pour les présenter avec la perspective des siècles ou leur donner ce caractère purement impersonnel que l'on dit être fondamental en histoire. A ces défauts, on trouvera quelque compensation dans ce fait que l'auteur était sur place et, jusqu'à un certain point, qu'il a pris part aux faits narrés.

Afin de bien comprendre les récents événements qui se sont déroulés en Russie, quelques notions sur l'histoire de ce pays sont nécessaires. On voudra donc être indulgent pour les brefs aperçus historiques qui émaillent cet exposé d'événements plus proches de nous.

Introduction

Les surprises et les contradictions apparentes que la Russie réserve aux Occidentaux sont infinies.

Les journaux parlent de la manifestation ouvrière conduite par le père Gapone, et de la merveilleuse grève générale d'octobre, prête à rencontrer un prolétariat fort et bien développé. Une de mes premières surprises fut de constater qu'il y avait à peine dix pour cent d'ouvriers de fabrique dans la population, et que ces ouvriers étaient les plus malheureux et les plus mal organisés du prolétariat moderne.

Une teinture d'histoire, si légère soit-elle, est tout d'abord un réel désavantage pour quiconque étudie la Russie de l'heure actuelle. L'industrie moderne y étant fort peu développée, on recherchera naturellement les institutions médiévales. Mais la Russie est aussi peu soumise à la Féodalité qu'elle l'est au Capitalisme.

Le centre de Saint-Pétersbourg est un quartier de palais, de théâtres et de parcs. Mais la Cité est enfermée dans un cercle de faubourgs. Royaume de misère, de laides usines, de vieilles bâtisses, de rues malpropres. De tous les coins de l'Empire, l'armée des désœuvrés accourt dans la Cité intérieure pour la chasse au plaisir. Dans la Cité extérieure, se presse l'armée autrement grande de gens en quête de travail. Ce contraste est la cause de la Révolution Russe. Jamais la société humaine n'a offert pareil contraste. Il n'y a pas autant de distance entre Cherry-Hill et la Cinquième-Avenue, il n'y en a pas eu autant entre les faubourgs de Paris et Versailles, qu'entre le quartier de Vibourg et le Palais d'Hiver. C'est à travers cet abîme que, le 9 janvier 1905, les travailleurs furent conduits par le Père Gapone.

Pour comprendre cette marche fatale du peuple, jetons un coup d'œil dans son histoire passée. En 1861, le servage fut aboli en Russie. Il n'y avait pas de manufactures antérieurement à cette date. Il y avait bien quelques centres industriels en Pologne et dans les provinces de l'ouest, mais, dans le cœur immense de la Russie, le capitalisme moderne, la fabrication industrielle ayant pour but des bénéfices, était inconnue. Les serfs labouraient les champs de leurs maîtres. Durant les longs mois d'hiver, ils fabriquaient chez eux des objets très simples : du drap ou des souliers, des harnais ou des ustensiles de ménage. Les objets trop compliqués se faisaient dans les « artels ». La communauté avait-elle besoin de roues de charrette, par exemple, un certain nombre de paysans se réunissaient, formaient un artel, et les fabriquaient. Quand le travail était terminé, ils se partageaient le gain, puis se séparaient. La demande de certains objets fut parfois si constante, que certains artels restèrent permanents. Ils répondirent bien au delà des demandes de leur village et fournirent à un district plus vaste. Dans les artels permanents, les travailleurs pouvaient développer une très grande habileté ; mais, en général, l'existence des artels était brève et l'habileté minime. Mode de production bien peu économique assurément, mais, néanmoins, bien intéressant au point de vue socialiste. Grossiers et imparfaits sans doute.

ces groupements étaient des expériences directes de production coopérative, ayant éliminé les pires défauts du capitalisme moderne : le salariat et la création d'une plus-value commerciale.

L'émancipation amena une métamorphose, mais la métamorphose fut lente. Tous les serfs qui avaient travaillé dans les fermes reçurent un lot de terrain. Le lot était bien petit, et souvent, par suite de la malhonnêteté du maître, plus petit que le lot accordé par la loi. Pour en acquitter le montant, les paysans furent accablés d'impôts excessifs. Pourtant, malgré ces divers mécomptes, cela empêcha les paysans de devenir immédiatement des salariés. Quant aux serfs qui avaient été gens de maison, ainsi que ceux qui avaient fait autre chose que du travail agricole, ils ne reçurent pas de terre, et furent forcés de chercher sans retard un emploi. Certains restèrent comme domestiques, attachés à leurs anciens maîtres. D'autres trouvèrent du travail sur la terre de leur seigneur. Les autres furent attirés dans les villes, et, comme l'industrie s'y développait, devinrent des ouvriers d'usine.

Les choses n'allèrent pas bien pour les paysans nouvellement libérés. Bien que le chiffre de la mortalité soit fort élevé parmi eux, le chiffre des naissances y est encore plus élevé, et la population s'accroît plus vite en Russie que dans tout autre pays du monde. La terre paysanne, insuffisante au début, répond de moins en moins aux besoins à mesure que le nombre des paysans augmente. Ajoutez à cela les mauvaises récoltes, le manque d'éducation, les impôts écrasants, et vous ne serez pas étonnés d'apprendre que la richesse paysanne a constamment baissé depuis l'émancipation. Partout où des chiffres ont été recueillis, on a constaté que la quantité de nourriture absorbée par chaque paysan avait diminué et que le nombre d'animaux élevés dans chaque famille avait décru. Cette baisse a été constante depuis l'émancipation, mais elle s'est accélérée dans ces quinze dernières années, avec la politique du comte Witte.

Witte est un banquier, il n'est pas économiste. C'était son idée, d'établir le système de banque sur la monnaie d'or. Afin de ramasser l'énorme réserve d'or dont il avait besoin pour établir un étalon d'or, il était nécessaire que l'exportation du pays dépassât l'importation. La différence, la « Balance du Commerce », serait payée en or, que le gouvernement ramasserait pour sa réserve. Le grain était la seule denrée que la Russie produisit par grandes quantités. Les lourds impôts obligeaient le paysan à vendre son grain aussitôt récolté, et ce grain était exporté. Les exportations de grain augmentant, la famine augmenta. Witte ramassa sa réserve en affamant ses compatriotes. Il est probable qu'il apprit ce tour au spectacle de l'exploitation anglaise dans l'Inde. Aucun autre pays n'a une exportation de grain aussi considerable, et des famines aussi fréquentes. Une autre idée de Witte fut la muraille des hauts tarifs douaniers. Les droits de douane devaient être payés en or, et, ces encaissements enflant la réserve du trésor, on augmenta les prix de vente aux paysans déjà affamés.

Sous la pression accumulée de ces divers facteurs économiques, la classe paysanne a perdu sa solidarité primitive et s'est fragmentée en trois sections différentes. Les plus fortunés et les moins scrupuleux se sont élevés au dessus de la moyenne. Ils ont économisé quelque argent, et ils le prêtent aux taux les plus exorbitants à l'époque où l'on perçoit les impôts. Plus tard, ils vendent les biens de leurs victimes et acquièrent ainsi de la terre. Ils font aussi le trafic du grain. Connaissant intimement leurs voisins, ils sont en mesure pour acheter, au moment psychologique où la nécessité se fait le plus sentir, et leur capital est suffisant pour leur permettre de garder leur stock jusqu'au jour où les cours monteront. Toujours paysans vis-à-vis de la loi, ils sont en réalité des petits propriétaires et des prêteurs d'argent. Ils constituent une toute petite fraction du corps des paysans et sont cordialement détestés par le reste.

En très grande majorité, les paysans sont restés, à peu de chose près, ce qu'ils étaient au moment de l'Émancipation. Leur chance propre a été la chance commune. Ils gardent leur pièce de terre et sont membres respectés de leurs communautés. Leur métamorphose est plutôt interne qu'externe. Il y a un peu plus de son dans leur pain, d'année en année. Ils ne rient plus aussi souvent que leurs ancêtres, et la famine qui les menace sans cesse a ridé leur front et ulcéré leur cœur. L'inquiétude les gagne. Ils brûlent les granges de leurs seigneurs et tuent le percepteur plus souvent que jamais. L'infortune croissante de leur vie les poussera àun horrible règlement de compte un jour prochain.

La troisième catégorie, c'est celle des paysans sans terre. A ceux-là, la chance n'a pas souri. Certains, peut-être, doivent leur malheureux sort à la boisson ; un plus grand nombre, aux mauvaises récoltes et aux maladies ; mais la plupart le doivent aux impôts incessants qui pèsent sur eux. Ils sont devenus la proie des prêteurs, et la dette a englouti leurs terres. Certains s'embauchent comme ouvriers agricoles dans de vastes domaines, mais la majeure partie est entraînée vers les cités.

C'est cette catégorie, toujours accrue de la classe paysanne, qui constitue la base du prolétariat industriel. Ils vont vers les villes, non pas comme dans les autres pays, pour y chercher fortune, mais pour échapper aux famines. Il leur répugne de croire que leur nouvelle situation doive être permanente. De leur cœur déborde l'espérance intarissable que, quoiqu'il arrive, la chance leur sourira un jour et qu'ils pourront revenir à la terre. La plupart des paysans russes considèrent l'agriculture comme la seule vie véritable. Leur attachement au sol et leur croyance à peu près universelle en une forme quelconque de nationalisation des terres, sont les principaux caractères distinctifs de leur classe. C'est cette vie précaire, importée des régions où règne la famine, et ce manque de stabilité dans leur situation, qui font des ouvriers russes une proie facile pour leurs employeurs. La « Loi d'Airain des Salaires », qui veut que les salaires soient généralement suffisants pour entretenir l'ouvrier et ses enfants est ignorée en Russie. Le déclin rapide de l'agriculture, et les quatre-vingt millions de paysans qui courent à la ruine, délivrent le capitaliste de toute crainte pour la demande de travail. En dépit de l'effroyable avilissement de la vie de fabrique, l'armée des sans-travail augmente sans cesse, et les salaires baissent bien au dessous du minimum économique du nécessaire. On peut estimer entre 40 et 50 o/o le nombre des travailleurs pétersbourgeois qui sont nés dans les villages et qui restent encore paysans de cœur. En d'autres centres industriels plus récents, la proportion est encore plus élevée. La concentration d'un si grand nombre de travailleurs dans la même ville devait amener inévitablement leur organisation. Il y eut deux mouvements ouvriers distincts. Pendant nombre d'années, les socialistes ont été à l'œuvre. Leur succès, si l'on tient compte de l'ignorance des travailleurs, a été considérable. Graduellement, l'idée de s'organiser et de faire grève pour des améliorations matérielles prit corps. L'organisation syndicale était un crime, au début, mais l'idée magnétique d'une action organisée ayant triomphé des lois oppressives en Angleterre, il en fut de même en Russie.

Il y a environ trois ans, un directeur de la police secrète imagina de lancer un mouvement en sens contraire. Les nouveaux syndicats étaient purement économiques, et ils se tenaient en dehors de toute idée socialiste ou révolutionnaire. Aussi longtemps que les syndicats s'en tinrent aux revendications économiques, ils furent entretenus par la police. Comme nos unions françaises, ils offraient aux travailleurs la chance d'ajouter quelques sous à leur salaire journalier ou de diminuer la journée de travail de quelques minutes. Chaque fois qu'ils proclamaient la grève, la police se montrait bienveillante à leur égard. Quand un syndicat socialiste se mettait en grève, ses leaders étaient jetés en prison ou envoyés en Sibérie. Un grand nombre d'ouvriers, parmi les plus ignorants, entrèrent aux syndicats de la police.

C'est dans ces syndicats policiers que le Père Gapone commença à devenir célèbre. Le caractère de cet homme a été tellement entouré de mystère, qu'il est pour ainsi dire impossible d'écrire quelque chose de certain à son sujet. Certains croient encore à son intégrité, alors que d'autres affirment qu'il fut toujours et continuellement un espion de la police. Ma propre opinion, basée sur des rapports personnels et sur une enquête approfondie, c'est qu'il a oscillé entre ces deux extrêmes.

Né dans la Russie du sud d'une simple famille de paysans, il devint prêtre, se querella, dit-on, avec son supérieur, et fut chassé des ordres. Plus tard, il fut réintégré, et, à la fin de 1904, nous le trouvons, payé par la police. et travaillant parmi la population ouvrière de Pétersbourg. Il était très populaire. Un prêtre qui prend la cause du peuple, même en apparence, est un phénomène si extraordinaire en Russie, qu'il est sûr de trouver immédiatement une foule pour le suivre.

Comment se conçut le projet d'adresser une pétition au tsar, nul ne le sait. Pourtant, ceux qui sont au courant des mœurs paysannes pourront se l'expliquer sans peine. De temps immémorial, les paysans ont cru que le tsar était leur ami, et ils ont attribué tous leurs maux aux seigneurs et à ceux de leur entourage. Quand la famine s'abattait sur leurs villages, il était d'usage de faire un choix parmi les vieillards de la communauté et de les envoyer en délégation vers le « Petit Père » pour lui faire entendre leurs doléances. Ces députations ne parvenaient jamais jusqu'au tsar. Elles étaient artêtées par ses fonctionnaires. Lorsqu'ils revenaient à leur village, le dos meurtri de coups de fouet, la haine des paysans pour les fonctionnaires était plus vive, mais leur foi en la bonté du tsar n'était pas diminuée. J'ai vu deux vieux paysans d'un village voisin du Volga, qui étaient allés en semblable mission à trois reprises différentes, et qui, chaque fois, avaient été fouettés et renvoyés chez eux.

A Saint-Pétersbourg, cependant, le proverbe paysan : « Dieu est très au dessus de nous, et le tsar est très loin de nous », ne tenait pas debout. Le tsar habitait là, tout près, au Palais d'Hiver, de l'autre côté du fleuve. On comprend donc que l'idée leva et se répandit comme une réalité vivante par les rues tristes des faubourgs ; qu'elle courut de logis en logis, aiguillonnée par la famine et la froidure. « Si nous envoyons une petite délégation, pensèrent-ils, cela ne servira à rien. Ils les fouetteront. Tandis que si nous y allons tous ensemble, ils ne pourront pas nous fouetter tous. Nous crierons tous très fort, et le « Petit Père » nous entendra. Il avancera au balcon et nous lui parlerons, et il nous aidera. »

Gapone s'opposa, tout d'abord, à cette idée ; mais l'idée était trop puissante. Quelques jours avant le « Dimanche sanglant », il y jeta sa destinée. Il se peut qu'il ait été touché, à l'aspect de la misère au milieu de laquelle il vivait journellement. Il se peut que l'enthousiasme de l'idée l'ait empoigné, comme bien d'autres, jusqu'à ce degré où le martyre perd son horreur. Il est plus probable qu'il vit que le mouvement ne pouvait être supprimé ; que s'il s'y opposait plus longtemps, il perdrait son influence ; que, s'il le conduisait, même à la défaite, il serait comme un dieu parmi les hommes. Il est certain que le vendredi et le samedi précédant le dimanche fatal, il prononça des discours enflammés dans lesquels il dit qu'il valait mieux mourir que vivre comme ils vivaient.

Il n'y avait point de secret quant au mouvement. Tout le monde le savait ; le tsar avait fui à son palais de Tsarskoïé-Sélo, et son oncle, le grand-duc Wladimir, avait reçu le commandement de la Cité. Ce matin-là, le soleil se leva comme si cette journée ne devait pas être la plus grande que la Russie ait connue : l'aube de la Révolution, la vie nouvelle. Il toucha les dômes d'or des églises, éveilla les avenues couvertes de neige en les baignant d'une lumière aveuglante, et entra même dans les rues mornes des faubourgs. Au centre de la Cité régnait un calme inusité, troublé seulement par un mouvement de troupes à peu près silencieux. Tandis que dans les faubourgs, c'était le brouhaha précurseur des grands événements. Dans toutes les fourmilières humaines, on s'agitait et on se préparait. Les travailleurs s'habillaient comme pour une fête religieuse. A l'heure fixée, ils se rassemblèrent dans leurs quartiers respectifs, et, partis des trois faubourgs principaux, ils avancèrent vers le Palais d'Hiver, comme trois grands fleuves.

On ne pouvait imaginer meilleur piège. Le Palais d'Hiver forme le côté droit d'un immense demi-cercle. La courbe est formée par les édifices des ministères et les casernes ; et ce vaste amphithéâtre ne possède que trois entrées. Les troupes ne barrant pas le chemin aux travailleurs en marche, ils purent se réunir et avancer dans le piège sans être dérangés. Alors, les soldats fermèrent les entrées, et, sans avertissement, on tira salve après salve dans cette masse compacte d'hommes et de femmes désarmés. A la fin, dans sa terreur impuissante, le peuple se fit un chemin à travers la Cité, où les Cosaques les chassèrent jusqu'au crépuscule.

Le Père Gapone échappa, sans doute parce qu'il portait des habits de prêtre et qu'il tenait une image sainte ; peu de soldats osant tirer sur l'image du Christ. Il eût mieux valu pour lui qu'il mourût. Il serait devenu un saint. Le jour suivant, il accomplit le dernier acte révolutionnaire important de sa vie. Il lança une proclamation, où il disait : « Peuple russe, il n'y a plus de « Petit Père ». Un océan de sang, sépare le tsar de son peuple ! »

On fit filer Gapone hors de Russie. Il récolta des sommes considérables. Combien de cet argent parvint jusqu'aux travailleurs, nul ne le sait. Gapone se promena quelques mois dans l'Europe occidentale, et enfin retourna en Russie, pour se vendre encore une fois à la police. A cela, il n'y a aucun doute. Il fut tué en mai 1906 par certains de ceux qu'il avait trahis. Il doit sa célébrite à des événements sur lesquels il [illegible] aucun contrôle, et à une proclamation probablement écrite par un autre que lui ; mais ces événements et cette proclamation resteront mémorables. Avec eux s'effondra la légende du « Bon Tsar ». Les événements prouvèrent, et la proclamation annonça qu'il n'y avait plus de « Petit Père », qu'un océan de sang séparait le tsar de son peuple.

La Constitution

La fumée des canons du grand-duc Wladimir se dissipa vite, mais le bruit de la fusillade se répercuta longuement à travers l'empire. A l'heure où la nouvelle du Dimanche sanglant se répandit dans les provinces, elle souleva une fureur indignée. Il n'est pas de ville manufacturière qui n'ait ressenti la secousse. Bien des gens pensaient que c'était le coup final porté à l'Autocratie. Ce n'était que le coup du début.

En février, espérant calmer le pays, le Tsar lança un manifeste dans lequel il promettait de réunir des délégués de la Nation afin de l'aider dans l'œuvre gouvernementale. Le Ministre de l'Intérieur Bouliguine fut chargé de rédiger une loi instituant la Douma et réglementant son élection. Ce manifeste fut accueilli par des éditorials louangeux dans les journaux étrangers. On y lisait en vedette que la Russie était entrée dans une phase constitutionnelle et que la Révolution n'était plus. Pourtant ceux qui pensent en Russie se montrèrent moins optimistes et ils se dirent: « Attendons la loi nouvelle ». Le Ministre termina son travail dans le cours du mois d'août et la « Constitution Bouliguine » fut rendue publique.

Cela n'avait rien d'une constitution. Le mode d'élection des députés était le plus imparfait et le plus inique qui ait jamais été inventé. Une fois réunis, ils n'auraient aucun pouvoir réel. Le Parlement d'Angleterre et les Etats Généraux français coupèrent le cou à leurs monarques respectifs à la suite du contrôle des finances. Bouliguine prévit le danger. La Douma n'avait pas à se mêler des questions financières. Les députés étaient liés par un serment et ils se trouvaient pris dans l'alternative de le violer ou bien d'abandonner tous rêves de réformes.

La loi ne satisfit personne et elle trompa bien peu de gens. Elle devint néanmoins un sujet d'intense discussion. Libéraux comme révolutionnaires, tous résolurent de ne pas y participer et de la boycotter. Tous avaient ressenti cette insulte à leur intelligence.

Du jour où fut fondée l'Autocratie, la vie politique se trouva étouffée. La plus légère opposition à l'autorité du Tsar devint un cas de haute trahison et fut punie d'exil ou de mort. Ajoutez à cela l'ignorance du peuple, il est évident qu'il n'y avait aucun mouvement politique dans les masses. Quelles qu'aient pu être les aspirations politiques des individus, elles restaient inexprimées. L'opposition tirait ses forces des hautes classes.

Pierre le Grand voulut imposer la civilisation occidentale à la Russie. Entre autres choses, il travailla à substituer un service civil à l'aristocratie. Il voulait que l'avancement, dans le gouvernement, fut basé sur le service et non plus sur la naissance. N'importe qui, sans égard à la naissance, pouvait entrer au Service civil, dans les emplois inférieurs au début, pour monter ensuite en grade. Bien entendu, cette mesure offensa les gens de la noblesse, dont un grand nombre se trouvaient privés de leurs grasses positions au gouvernement. L'autocratie se trouva scindée en deux groupes hostiles. Certains firent taire leur orgueil et entrèrent au Service civil à côté des gens de basse condition. Ils montèrent et constituèrent la Bureaucratie, la classe dominante de l'heure actuelle en Russie. Les autres quittèrent la Cour et se retirèrent dans leurs domaines pour y soigner leur orgueil blessé. Ils ne reconquirent jamais leur influence à la Cour et leur puissance a constamment baissé. L'émancipation des serfs et la récente politique industrielle du comte Witte, hostile à l'agriculture, ont également affaibli et appauvri la noblesse terrienne.

Cette noblesse terrienne appauvrie se trouve donc comprise dans l'opposition. Ce sont des libéraux dans le sens occidental du terme. Fort mécontents de la politique actuelle du gouvernement qui réserve ses faveurs pour une autre classe, ils ont exprimé leur mécontentement aussi haut que possible en ces trente dernières années. Leur tribune, ce furent les assemblées provinciales des zemstvos. Créés par Alexandre II, ces conseils locaux furent mutilés tant et si bien par les ministres qui depuis lors se succédèrent qu'ils ont perdu tout pouvoir véritable. La représentation paysanne n'est plus qu'une plaisanterie et tout ce que les zemtsvos sont capables de faire se réduit à peu de chose près à l'envoi de pétitions au gouvernement central. Négligés de tous, seule la noblesse mécontente s'en servit pour y exprimer ses plaintes.

Une autre partie de l'opposition, les libéraux, ressemblant plutôt aux radicaux de l'Occident, est constituée par les hommes de métier. La décadence de la noblesse terrienne, amenée par la réforme de Pierre-le-Grand, l'émancipation et la récente politique industrielle ont poussé nombre d'hommes de cette classe vers les professions libérales. Les moyens d'éducation se développant, nombre de fils de marchands et de paysans parmi les aisés ont pu étudier et acquérir une profession. La classe professionnelle, presque sans exception, est mécontente. Les professions libérales sont terriblement encombrées. La misère générale du peuple est si épouvantable qu'elles ne peuvent assurer les ordinaires moyens de subsistance. Un médecin de mes amis est tout seul pour donner des soins à 3000 paysans. Sur cent russes qui meurent, un seul a été soigné par un médecin, et néanmoins, dans cette profession, on a du mal à gagner sa vie. Aucun pays n'offre un aussi beau champ d'action aux entreprises des ingénieurs, et cependant, les écoles d'enseignement technique forment plus d'ingénieurs qu'il n'y a d'emplois disponibles. Pour être journaliste, il faut avoir une certaine fortune et il en est de même pour le barreau et l'enseignement. Les occasions d'exercer sont rares et les profits terriblement maigres. Le chiffre des suicides parmi les professions libérales en Russie est effroyable. Ayant étudié et voyagé à l'étranger, ces hommes connaissent le régime politique de l'Europe Occidentale. Ils se sentent plus atteints que la noblesse terrienne et sont plus catégoriques dans leur opposition au régime.

Plus à gauche encore sont les Révolutionnaires, lesquels sont pour la plupart Socialistes. Le temps n'est pas fort éloigné où toute participation des masses à la vie politique était impossible. De même que les Libéraux et les Radicaux, les Socialistes sortirent des classes éclairées. L'Intelligenzia possède une culture plus large que les classes similaires des autres pays. De nombreux voyages et la connaissance de deux ou trois langues étrangères les ont familiarisés avec tous les mouvements artistique, littéraire et politique de l'Europe Occidentale. Ils n'ont point négligé la Sociologie ni le Socialisme. Les trois volumes de « Das Kapital » en allemand et des traductions excellentes de cet ouvrage ont eu en Russie une circulation plus large que dans aucun autre pays, y compris l'Allemagne.

Tous les Russes intelligents sont familiarisés avec la pensée socialiste. Ceux qui n'admettent point le Socialisme, deviennent des Libéraux, des Réformistes. Les autres entrent au Parti Socialiste et deviennent des Révolutionnaires. Distinction purement personnelle, comme l'est la différence existant entre l'égoïsme et l'altruisme.

Le mouvement Libéral surgit et se développa dans la mesure où le poids de l'Autocratie devint de plus en plus lourd aux classes moyennes. Le mouvement révolutionnaire l'a précédé. Il a sa source dans une horreur impersonnelle causée par le spectacle de l'avilissement où se trouve plongée la grande masse du peuple. Bien peu de Révolutionnaires sont entrés dans le mouvement pour des considérations personnelles.

Les trois courants de l'Opposition viennent d'être étudiés au point de vue purement matériel et ce point de vue comporte bien des exceptions. L'intérêt personnel d'un grand nombre de membres des partis du Centre semble être à droite du programme de leur parti, mais leur dévouement aux idées de progrès et de liberté l'emporte sur l'intérêt économique personnel. Ce phénomène est vrai pour tous les partis de gauche, Révolutionnaires compris. Il est commun à toutes les périodes transitoires. Le matérialisme économique est aussi impuissant à expliquer les détails de la Révolution Russe que la Démocratie de La Fayette ou le Socialisme de Lassalle.

Les Révolutionnaires décidèrent dès le début de boycotter la Douma. « Nous voulons un gouvernement basé sur le suffrage universel, dirent-ils. Nous n'avons rien à faire avec ce système électoral inique. » D'abord, les Libéraux furent de cet avis. Peu de temps après la promulgation de la loi, les représentants des Zemstvos et des Municipalités se réunirent en Congrès. Ce Congrès représentait assez bien les Libéraux et les Radicaux. On s'y prononça contre l'élection. Pourtant graduellement le vent tourna. Certains parlèrent des Etats généraux en France en rappelant comment ils étaient parvenus à arracher à Louis XVI des concessions, puis finalement la liberté complète. Peut-être la Douma aurait-elle une histoire analogue. Un Congrès ultérieur des Zemstos décida de prendre part à la campagne. Tous les libéraux et tous les radicaux marchèrent avec eux. Une petite fraction socialiste décida également de participer à l'élection. mais la grande masse des Révolutionnaires, avec des différences de détail, la boycotta.

Vers l'époque où cette discussion battait son plein, une nouvelle organisation se constitua, l'Union des Unions, appelée à exercer pour un moment une grande influence. Dans presque toutes les professions, un rudiment d'organisation existait déjà. Les avocats avaient leur Association du Barreau, les Docteurs des Sociétés Médicales. Il y avait des Clubs techniques, une Union des Instituteurs, etc. Les classes libérales s'intéressant de plus en plus à la politique, ces organisations devinrent plus politiques que scientifiques. Ces conférences et ces congrès devinrent des réunions politiques déguisées. Le professeur Paul Melukov organisa toutes ces diverses sociétés en une grande Fédération, qui comprit pour ainsi dire tous les gens de métier en Russie. Quelques syndicats ouvriers y étaient affiliés, mais c'était une organisation du prolétariat intellectuel avant tout. Leur proclamation, à l'heure où elle parut, donna un grand prestige aux classes éclairées.

La Grève Générale

La première moitié de 1905 avait été marquée par une colossale protestation contre le meurtre des disciples de Gapone, mais vers le milieu de l'année, le mouvement révolutionnaire s'enlisa dans une discussion sur les élections prochaines. Dans leurs diverses conférences, les socialistes avaient décidé de faire leur possible pour empêcher les élections par les grèves et la révolte et ils tenaient à ce que les travailleurs restent tranquilles afin de garder leur force jusqu'au jour des élections.

Au commencement d'octobre, les imprimeurs de Moscou se mirent à parler de grève. Ils réclamaient une augmentation de salaires et plus d'heures de loisir. Leur syndicat avait été organisé par les socialistes et son comité exécutif était contrôlé par le parti. Selon leur plan d'action, les socialistes firent tout leur possible pour décourager cette grève. Ils ne purent retenir les ouvriers et le mouvement les déborda. Il leur fallait ou marcher avec eux ou les perdre.

Impuissants à empêcher la grève, ils décidèrent d'en faire une manifestation politiqne. Quand les gérants des imprimeries de Moscou reçurent les réclamations de leurs ouvriers, la première chose qu'ils lurent, fut la demande d'une république démocratique basée sur le suffrage universel. Même si les patrons devaient approuver cette demande, comme c'était le cas sans doute pour beaucoup d'entre eux, il était, bien entendu, hors de leur pouvoir de leur donner satisfaction. Ce n'était point des demandes d'améliorations économiques que formulaient les travailleurs. Ce qu'ils voulaient, c'était la révolution immédiate et complète. Les grévistes étaient déterminés et ne voulaient entendre parler d'aucun compromis.

Nombre d'imprimeurs fermèrent leurs ateliers. Les autres transportèrent leurs entreprises ailleurs. La grève échoua piteusement. Néanmoins, les desiderata des ouvriers de Moscou trouvèrent un écho dans le cœur de la très grande majorité des travailleurs russes. Le lendemain matin, ils furent imprimés dans les journaux de Saint-Pétersbourg et les ouvriers des imprimeries pétersbourgeoises quittèrent le travail en témoignage de sympathie. Avant la fin du jour, une demi-douzaine des plus importantes fabriques, fonderies, filatures, etc., quittèrent le travail, sans formuler de réclamations, dans le but de témoigner leur solidarité avec leurs frères moscovites.

Ce jour-là, les délégués des travailleurs des chemins de fer étaient réunis en conférence à Saint-Pétersbourg. Ils déclarèla grève générale des chemins de fer le soir même, également sans formuler de revendications personnelles, afin d'appuyer la demande hardie des ouvriers imprimeurs de Moscou. Avant que quiconque s'en fut rendu compte, la plus formidable grève générale de l'histoire était en marche. Jour par jour, heure par heure le mouvement faisait tache d'huile. Il s'étendait dans toutes les directions. L'Union des Unions s'y rallia. Ingénieurs, avocats, médecins, infirmières, professeurs quittèrent le travail. Presque tous les employés du département de l'Etat impérial s'en allèrent. Le mouvement n'allait pas sans certains côtés amusants. Le congrès des apiculteurs se trouvait réuni à Moscou et il vota une résolution disant qu'il était impossible d'élever des abeilles tant que la Russie n'aurait pas une constitution. En bien des endroits la police elle-même se mit en grève.

Sur toute la Russie, la crainte de l'inconnu planait. Pareil calme ne s'était jamais vu. Les rues de Pétersbourg étaient vides. Les tramways étaient désertés par leurs conducteurs. Plus de fiacres. Les magasins étaient fermés comme s'ils allaient avoir à résister à un siège. Plus de lumière le soir. Les rues étaient désertes. Seules, des patrouilles de Cosaques y passaient. Le calme même augmentait la frayeur. Les ouvriers avaient cessé le travail. La faim et la soif menaçaient. Les gens se parlaient tout bas et attendaient nerveusement l'imprévu. Jamais les oisifs n'ont eu frayeur pareille.

Pendant cette période de tension, un nouvel élément apparut dans la vie de la Russie : le Conseil des délégués ouvriers, et le nom de son président, Kristalov, se répandit au point d'éclipser celui du Président du Conseil, Witte. Jamais on n'avait vu action prolétarienne aussi sérieuse. Le Conseil des Délégués ouvriers fonctionna admirablement. On n'y voyait pas ces chicanes et cette rivalité qui firent sombrer la Commune de Paris. Ce n'était pas la révolte d'une ville, mais des travailleurs d'un pays quarante fois vaste comme la France.

Pour quelqu'un qui ne l'a pas vu, il est difficile de se rendre compte de ce que signifie le mot grève générale. La Guerre, l'Insurrection, les Barricades, ont une place dans l'histoire et un sens pour chacun. La Grève générale est quelque chose de neuf, quelque chose de notre génération, et peu de gens se rendent compte de sa puissance. Cela fut soudain. On ne fut pas averti. Les voitures s'arrêtèrent où elles se trouvaient. Les fiacres disparurent. Les restaurants fermèrent. Les fours des boulangeries se refroidirent, Le lait fit défaut. Plus de journaux, plus de courrier, plus de télégrammes, plus de nouvelles de l'extérieur, plus de trains amenant la viande et les légumes de la consommation journalière. L'eau allait-elle manquer ? Le Conseil des Délégués ouvriers décida ; « Pas encore ».

Le 17, le tzar céda. Le manifeste du 17 octobre parut. Avec de belles promesses, Nicolas dans sa frayeur, avait cherché à sauver son trône.

Liberté ! Liberté de parole ! Liberté de réunion ! Une Constitution ! L'amnistie pour les prisonniers politiques ! Cela mit fin à la grève. Par magie, la vie revint dans les rues. Les foules se ruèrent aux meetings de l'Université et de la Cathédrale de Kazan. Les uns entonnèrent des *Te Deum* ; mais un plus grand nombre chantèrent la *Marseillaise*. Tout naturellement la police se découvrit devant le drapeau rouge. Les jours de liberté étaient venus.

On ne pouvait pas attendre beaucoup plus que les promesses du 17 octobre. Les promesses étaient vagues, assurément ; le manifeste disait qu'elles seraient développées en détail aussitôt que possible, mais on ne pouvait s'attendre à ce qu'un mouvement aussi spontané que la grève d'octobre formulât des réclamations bien définies et tout ce qu'ils avaient demandé avait été promis. Les télégraphistes se rendirent en hâte à leur travail pour envoyer la nouvelle aux extrêmes limites de l'Empire. Avec une hâte presque égale, les autres travailleurs reprirent le travail et la vie revint.

Ce n'est que longtemps après que l'on se rendit compte de la desorganisation apportée par la grève au trafic et au commerce. Le chaos des courriers et des expéditions ne fut jamais débrouillé. Un an après, je vis un wagon de voitures d'enfants sur une voie de chargement près de Rostov-sur-le-Don. On était parti sans mettre d'étiquette sur le wagon et on l'avait fait voyager à droite et à gauche dans l'espoir que quelqu'un le réclamerait. Les travailleurs russes avaient décidé de cesser le travail et le résultat était effroyable. L'Autocratie, qui jusqu'alors n'avait jamais pris la Révolution au sérieux était ébranlée sur sa base. Les capitalistes et les classes dirigeantes de Russie reçurent un coup dont ils ne se relèveront jamais.

Et cependant, la Russie est un pays où l'agriculture prédomine tant que tout au plus onze pour cent de la population participa à la grève. Les effets d'une grève générale dans un pays où l'industrie est très développée comme l'Amérique, l'Angleterre ou la France sont absolument incalculables.

Les Jours de Liberté

A la suite du manifeste d'octobre, ce fut une semaine de joie sans bornes. Des hommes âgés et expérimentés perdirent la tête et se félicitèrent les uns et les autres de la délivrance de la Russie. J'étais avec un vieux révolutionnaire, le lendemain du manifeste, quand un télégramme nous arriva d'un camarade d'Angleterre ; un télégramme d'allégresse folle. Cette joie, dont chacun était enivré, n'était pas un cadeau offert. C'était une conquête. Le tzar avait refusé des concessions à Gapone. Eux les lui avaient arrachées. On ne parlait plus de pétitions à présent. On disait : « Nous réclamons. » On usa à l'extrême des libertés nouvelles de parole et de réunion. Tous ceux qui avaient une voix et une idée et même ceux qui n'avaient qu'une voix, voulurent parler. Il y avait des réunions partout, réunions ouvrières, réunions d'étudiants, réunions de militaires, réunions d'écolières. Nul ne sait combien de partis politiques se formèrent en cette première semaine des Jours de Liberté. Nulle part peut-être, la métamorphose ne fut aussi visible que dans les journaux. En l'espace d'une semaine, plus d'une vingtaine de nouvelles feuilles surgirent. Les Libéraux, les Radicaux, les Révolutionnaires ouvraient des imprimeries : *Le Commencement, l'Aurore, le Travail, le Travailleur*, et des douzaines d'autres virent le jour, mais les plus curieux étaient les journaux satiriques. Huit jours auparavant, une caricature politique eût été un crime. A présent, chaque jour amenait une nouvelle collection de caricatures.

Lorsque la marée prolétarienne fut revenue à son ancien niveau, la Cour commença à reprendre courage. La réaction remonta. La seconde semaine fut une semaine de doute. Du Sud, parvint la nouvelle du massacre des Juifs. L'amnistie fut connue dans ses détails, et plus d'un héros populaire n'y était pas compris. Peut-être, après tout, le tzar les avait-il trompés. La troisième semaine fut une semaine de certitude. Même les plus optimistes devaient admettre que la Victoire n'était pas encore gagnée. Les journaux étaient supprimés ; la liberté de la presse était donc un mythe. Les réunions étaient dispersées. La liberté de parler n'était encore qu'une promesse.

Chacun se prépara à nouveau à la guerre. La grève générale d'octobre avait été si efficace qu'elle fut acceptée comme l'arme de la nouvelle lutte. Y recourir n'était qu'une question de temps. Les réunions du Conseil des Délégués Ouvriers étaient secrètes, et personne ne peut dire ce qui s'y passa. Il semble, néanmoins, qu'il ait perdu alors quelque peu de l'union qui régnait dans son sein, lors de la première grève. Diverses factions socialistes voulurent le contrôler, pas toujours par des procédés très dignes ; mais, malgré les intrigues des partis, il gardait encore dans l'esprit populaire un rang égal, sinon supérieur à celui du gouvernement.

Le Conseil des Délégués Ouvriers était un pis-aller. Rassemblé hâtivement, au moment de la première grève, il n'avait jamais été véritablement représentatif. Il était formé de deux éléments : des délégués pris à la hâte dans les usines et des hommes éclairés nommés par les partis socialistes et les organisations similaires. Ces derniers étaient censés n'avoir que voix consultative, mais, néanmoins, grande était leur influence. La plupart des délégués des fabriques furent remerciés par leurs patrons, et ils perdirent ainsi contact avec leurs électeurs. Ce n'étaient que de très naïfs ouvriers, absolument sans expérience du travail qu'ils avaient à faire. Leurs conseillers intellectuels étaient tout aussi inexpérimentés. Enfin, le plus grave défaut du Conseil, c'est qu'il était local. Il n'avait pas de moyen de communication régulière avec les travailleurs, en dehors de Saint-Pétersbourg. Ces faits doivent être mentionnés à titre de circonstances atténuantes, le Conseil ayant besoin de toutes les indulgences possibles.

Dans la première grève, en octobre, il se montra au-dessus de tout éloge. Malgré qu'il avait été convoqué à la hâte, il avait fait face à toutes les difficultés qui se présentaient et ses décisions étaient empreintes d'une présence d'esprit surprenante. Dans la deuxième grève, il perdit les avantages obtenus. Dans la troisième, il conduisit les travailleurs à leur perte.

En novembre, les travailleurs pétersbourgeois se mirent en grève pour la journée de huit heures. Leurs revendications étaient purement économiques, et la grève n'eut pas de succès. Le Conseil des Délégués Ouvriers s'efforça de couvrir cette défaite locale en donnant au mouvement le caractère d'une grève générale politique de toute la Russie.

Quelques jours auparavant, une mutinerie avait éclaté à la garnison de Kronstadt, et un certain nombre de soldats avaient été condamnés à mort. Vers cette époque, la loi martiale avait été proclamée en Pologne et les travailleurs polonais avaient pris une part active à la grève d'octobre. Les membres du Conseil des Délégués Ouvriers prirent ces événements pour prétexte d'une deuxième grève générale. Ils pensaient que les travailleurs en protestant contre l'exécution des mutins de Kronstadt, mettraient l'armée de leur côté, et ils considéraient qu'il était de leur devoir de protester contre la loi martiale, qui pesait sur leurs camarades de Pologne. En faisant appel à la grève, pour ces deux raisons, ils comptaient couvrir la défaite du mouvement des huit heures

Le cri de guerre de la deuxième grève générale: « Pour la Pologne sanglante et pour les Martyrs de Kronstadt ! » n'eut pas d'écho. A Pétesbourg, la majeure partie des travailleurs bien organisés étaient déjà en grève, mais dans les autres villes et dans les provinces, la réponse à cet appel fut insignifiante. La deuxième grève générale échoua piteusement. Ce fut une faillite désastreuse. Avec l'impression de découragement qu'elle produisit chez les travailleurs, impression commune à toutes les grèves qui échouent; elle diminua le prestige du Conseil et rendit courage à la cour. Ce fut un piteux étalage de faiblesse, et les fonctionnaires furent tout à fait remis de leur frayeur du mois d'octobre. Tout ce qui avait été promis fut retiré, et l'oppression rentra pour de bon.

La principale raison de l'échec de la grève de novembre, c'est qu'elle ne surgit pas, comme la première, de l'élan spontané de tous les travailleurs, mais du mot d'ordre parti d'une organisation sans puissance représentative. Ignorant la situation et le tempérament des individus, au delà de Saint-Pétersbourg, le Conseil ne pouvait juger que d'après ce qui se passait dans cette ville et les travailleurs pétersbourgeois allaient loyalement de l'avant. La responsabilité de l'échec ne doit pas retomber sur les travailleurs en dehors de Pétersbourg. Ils avaient montré leur esprit révolutionnaire en octobre et devaient à nouveau l'affirmer dans son ampleur en décembre, mais l'appel « Pour la Pologne sanglante et pour les Martyrs de Kronstadt » n'eut pas d'écho dans leur cœur. Protester contre l'oppression de la Pologne pouvait bien être un devoir moral. Se mettre en grève au sujet des soldats révoltés eut été une bonne stratégie. Mais ni la stratégie, ni la morale ne sont des motifs suffisants pour soulever les masses. La sincérité et le dévouement absolus des menbres du Conseil ne sont pas douteux. Ils ne commirent qu'une faute de jugement, mais ce fut une faute qui coûta terriblement cher

Il y eut un autre élément de faiblesse dans la deuxième grève, dont la responsabilité semble mieux établie. Les socialistes, leaders intellectuels des travailleurs, avaient employé les premiers Jours de Liberté à vilipender les classes moyennes. Les éditorials de leurs journaux fourmillaient d'attaques venimeuses contre quiconque, en dehors d'eux ne gagnait pas sa vie par le travail de mains. Tous ceux qui ne pouvaient pas s'intituler prolétaires étaient des bourgeois, ennemis de la classe des travailleurs, et traîtres à la cause de la liberté politique.

Il est indéniable que la bourgeoisie française et des nations occidentales à souvent usé et abusé les travailleurs dans les Révolutions. Pour quiconque connaît l'Amérique et les états démocratiques, il est indéniable qu'en période électorale, la bourgeoisie fait toutes sortes de promesses, qu'elle n'a pas l'intention de remplir,. En Russie, c'est différent. Sans doute, les socialistes russes qui connaissent leur histoire, avaient raison de croire que l'idéal des travailleurs n'est pas celui des capitalistes russes ; mais le nombre des travailleurs n'atteint que les neuf ou dix pour cent de la population de la Russie. Seuls, ils restent impuissants devant les forces de l'autocratie.

Dans la première grève générale, un élément très important de force fut apporté par ceux que les socialistes appellent la bourgeoisie. Par leurs vitupérations, les socialistes avaient réussi à s'aliéner la classe des gens de métier et tous les éléments radicaux et libéraux de la Société. Cette scission affaiblit immensément l'opposition et rendit une force proportionnelle au gouvernement. Les radicaux et les libéraux n'aidèrent en aucune façon la grève de novembre, ni par leur participation, ni pécunièrement.

Les derniers Jours de Liberté furent lamentables. Le succès du gouvernement dans la répression de la deuxième grève encouragea les banquiers étrangers à risquer un autre emprunt, permettant de payer la solde de nouveaux cosaques et d'acquérir de nouvelles munitions de guerre. Presque tous les journaux furent supprimés. A Saint-Pétersbourg, on compta plus de cent arrestations quotidiennes ; cent vingt-sept membres du Conseil des Délégués furent arrêtés au cours d'une de leurs assemblées.

Tous les soi-disant désirs du gouvernement de tenir les promesses d'octobre s'étaient évanouis l'un après l'autre. Les Révolutionnaires avaient à s'occuper d'une nouvelle lutte. Evidemment, les grèves générales auxquelles on fait appel ne sont pas toujours des succès, et souvent un mouvement aussi important que la grève d'octobre n'a eu qu'un résultat temporaire. Il fallait trouver des armes nouvelles et plus redoutables. On décida que la prochaine grève générale serait suivie d'une insurrection armée.

Quand aurait-elle lieu ? Les opinions étaient très divergentes sur ce point. Certains croyaient que la période des élections serait le moment psychologique. D'autres pensaient que ce serait trop tôt, le nombre d'armes à feu que possédaient les travailleurs étant très restreint. On n'avait pas de plan défini, mais c'était là le grand sujet de discussion dans les cercles révolutionnaires. Les partis de l'extrême-gauche faisaient tous leurs efforts pour introduire des armes en contrebande, et les socialistes organisaient les travailleurs en milice révolutionnaire aussi rapidement que possible. La possession d'armes à feu, sans permis de la police était un crime sérieux, et ceux chez qui on en trouvait un grand nombre étaient envoyés pour un long séjour en exil. La préparation avançait avec une lenteur lamentable.

Pendant ce temps là, le gouvernement, remis à flot par un nouvel emprunt, redoublait d'activité. Un nouveau Conseil des Délégués Ouvriers avait été formé, mais, lui aussi, à son tour, avait été arrêté. Toutes les organisations ouvrières, formées dans les premières semaines des Jours de Liberté, furent dispersées. Des centaines de leaders furent jetés en prison.

Le 9 décembre, un nouveau Conseil des Délégués Ouvriers lança un appel à une troisième grève générale et à un soulèvement armé. Ils savaient que les travailleurs n'étaient pas plus organisés pour la grève qu'ils n'étaient armés pour l'insurrection. Mais la persécution gouvernementale était telle, qu'ils se dirent : « Nous devenons de plus en plus faibles. Si nous restons tranquilles, le peu d'organisation que nous possédons sera détruit. C'est tout de suite ou bien jamais. »

C'était un espoir chimérique.

Les Journées de Décembre

A côté du plus ancien édifice de Moscou, s'élève une vaste école supérieure. Le directeur de cette école, M. Fielder, était libéral, et pendant les Jours de Liberté, il ouvrit les salles de classe pour des réunions politiques nocturnes.

Le soir du 9 décembre 1905, dans une salle de classe, se tint une réunion de Délégués Ouvriers, de délégués du parti socialiste et de la milice révolutionnaire. Ils s'étaient réunis pour discuter l'appel du Conseil des Délégués ouvriers de Saint-Pétersbourg à la grève générale et à la révolte armée. Leur discussion fut interrompue par la nouvelle que l'école était entourée de troupes, et que la police demandait leur reddition. La plupart étaient armés, et, en se rendant, ils prévoyaient une longue période d'emprisonnement. Ils se résolurent précipitamment à la résistance. Ils barricadèrent les portes, et, avec un feu de pistolet, ainsi que deux ou trois bombes qu'ils avaient sur eux, ils parvinrent à repousser pour un moment les assaillants.

Les fenêtres de l'école furent bientôt criblées de balles de fusil, mais les murs étaient en pierre solide, les révolutionnaires étaient bien armés. « Peut-être que si nous tenons bon jusqu'à ce que la nouvelle de notre situation se répande en ville, pensèrent-ils, les travailleurs se lèveront pour venir à notre secours ».

Malgré que certains d'entre eux aient été tués, aucun ne pensait se rendre avant que Moscou se soit éveillé au bruit de la canonnade. Les paisibles moscovites furent dérangés de leur sommeil par le tonnerre des canons, et, de leurs fenêtres, ils s'enquirent de ce qui se passait. Les plus belliqueux enfilèrent leurs habits à la hâte et ils allèrent au rendez-vous ; mais longtemps avant qu'un plan de secours ait été formé, les défenseurs de l'école s'étaient rendus. Les balles et les shrapnels avaient traversé les murs de pierre des bâtiments. Les canons se trouvaient au delà de la portée de leurs pistolets, au delà de l'atteinte de leurs bombes. La maçonnerie croulant autour d'eux, ils se décidèrent à se rendre. Quelques-uns tâchèrent de se sauver. Les autres furent pris par la police et jetés en prison, où ils sont encore.

Tel fut le début de l'insurrection de décembre. Les révolutionnaires n'étaient pas prêts et ne l'attendaient pas. Le Conseil de Pétersbourg qui avait lancé l'appel, n'était pas capable de faire quoi que ce soit. Ils ne parvinrent pas à faire sortir les travailleurs de Pétersbourg. Ils ne tirèrent pas un seul coup de fusil dans leur propre révolte. En dehors de Pétersbourg, la grève alla mieux. A Moscou, presque tous les travailleurs cessèrent le travail, et, le 10, le matin qui suivit l'attaque de l'école Fielder, les travailleurs défilaient dans les rues avec le drapeau rouge.

Une fois de plus, le gouvernement brusqua les choses. Il usa du « vent de la mitraille » que Napoléon disait bon pour apaiser toutes les insurrections. L'artillerie fit pleuvoir les balles et les shrapnels dans la foule des travailleurs, et il est probable que ce jour-là, plus de vies furent perdues que dans tout le reste de l'insurrection. Personne ne sait combien il en tomba ce jour-là. Le sang d'un grand nombre d'innoffensifs curieux, femmes et enfants, rougit la neige de Moscou. Presque immédiatement, les barricades s'élevèrent. Des drapeaux rouges comme le sang, qui tachait la neige, flottèrent au-dessus. La nouvelle des barricades de Moscou fit déployer le drapeau rouge dans un grand nombre d'autres villes. Le matin du 11, toute la ville extérieure était encombrée de barricades. Seul, le centre de la Cité appartenait au tsar.

On est pour ainsi dire amené inévitablement à comparer ces barricades russes avec celles de la Commune de Paris. La comparaison n'est pas possible. Les Français étaient habitués à se battre. Les révolutions de 1792, 1830 et 1848 avaient été pour eux autant de leçons. Ils disposaient d'officiers exercés, et étaient bien armés par dessus tout. Les travailleurs de Moscou n'avaient pas un seul officier pour les conduire. Aucun d'entre eux n'avait jamais vu de barricades. Dans toute la population, il y en avait à peine 2.000 d'armés. La plupart n'avait que des pistolets. Ils ne possédaient ni canons ni mitrailleuses. L'arrestation de leurs leaders à l'école Fielder, la brutale mitraillade sur les processions pacifiques les avaient poussés à la révolte.

Ils avaient lu des récits de barricades dans les livres; on fit donc des barricades. Comme moyens de défense scientifiques, elles étaient risibles. Des poteaux télégraphiques amoncelés tant bien que mal, des rails, des omnibus renversés; tout ce qui tombait sous la main. En certains endroits, de simples talus de neige comme en font les enfants.

Du point de vue de l'histoire — l'histoire de la montée des déshérités — elles n'étaient pas risibles, elles représentaient les premiers efforts maladroits du peuple russe pour briser ses chaînes par la force. La manifestation du Père Gapone et la grève d'octobre avaient été des protestations. Cette fois, c'était un assaut.

De même, au point de vue du gouverneur de Moscou, elles n'étaient pas risibles. Cette croissance folle de barricades était autrement terrible qu'une grève politique. Dans les troupes dont il disposait, il y avait une telle proportion de mécontents parmi l'infanterie, qu'on ne pouvait plus compter sur elle. La cavalerie était à peu près inutile, en présence de l'inextricable réseau de fil de fer dont les révolutionnaires avaient entouré leurs barricades. L'artillerie n'était pas d'une grande valeur contre des piles de boites vides, que les insurgés avaient eu le bon sens de ne pas défendre.

C'était la guérilla. Les révolutionnaires se tenaient à couvert. Ils tiraient des fenêtres sur les troupes et jetaient des bombes des toits. Ils pouvait se déplacer trois fois plus rapidement que les troupes régulières, démontrant amplement de la sorte que Karl Marx avait tort quand il disait que l'invention des mitrailleuses avait rendu les insurrections urbaines impossibles.

Pendant près d'une semaine, les insurgés tinrent bon et leurs fortifications avancèrent. Ils bâtissaient plus de barricades en une nuit que les troupes n'en pouvaient détruire en une journée. Dans la lutte, les révolutionnaires perdirent très peu d'hommes.

Ils tuèrent certainement beaucoup plus de soldats qu'ils ne perdirent de combattants et ils auraient pu en tuer davantage s'ils avaient voulu. Ils espéraient que les troupes se joindraient à eux et firent leur possible pour gagner leur amitié, limitant leurs coups aux officiers autant que possible.

Ils étaient très mal armés, mais avaient le grand avantage du nombre sur les troupes. Quand l'un d'eux était à bout, il passait son fusil à un camarade et allait dormir. Les quelques armes que possédaient les révolutionnaires travaillaient tout le temps. Les troupes qui n'avaient pas l'avantage du repos, étaient beaucoup plus harrassées de fatigue. Les trois premiers jours de l'insurrection, le parti des insurgés gagna du terrain. Chaque fusil pris, qui des mains des hommes fatigués passait à celles des hommes dispos, c'étaient trois hommes d'ajoutés à leur force de tir. Le 14 et le 15, on commença à se demander ce qui se passait en dehors de la Cité. La force des insurgés augmentait. La garnison s'affaiblissait rapidement par suite de la fatigue. Encore quelques jours, et les soldats, dont la fidélité n'était pas excessive dès le début, auraient pu jeter bas les armes.

Que se passait-il au dehors ? Pétersbourg était comme mort. La grève avait raté et il n'y avait pas l'ombre d'une insurrection, si ce n'est dans le texte de l'appel du Conseil des délégués ouvriers. Les habitants des provinces baltiques s'étaient révoltés, avaient mis le feu aux châteaux des seigneurs et, sur l'étendue presque entière de leur territoire, avaient établi des gouvernements révolutionnaires. Les cités du Midi se levaient, elles aussi. Kharkov, Ekaterinoslav, Odessa, Rostov et Batoum étaient des champs de bataille tout à fait comparables à Moscou. Novorowsisk, sur les rives de la Mer Noire, avait eu le dessus et avait fondé une république. Presque toutes les villes sibériennes étaient en révolte, et en bien des endroits, avec l'aide des soldats mécontents de l'armée mandchourienne battue, les travailleurs avaient planté le drapeau rouge sur les hôtels de ville.

Juste à ce moment critique, à l'heure où certaines cités avaient vaincu leurs garnisons et où plus de la moitié des villes se battaient avec succès, la grève des chemins de fer cessa. Le gouvernement pouvait déplacer ses troupes fidèles et l'écrasement de l'insurrection ne fut plus qu'une question d'heures. On commença par Moscou qui était de la plus grande importance au point de vue stratégique. C'est l'ancienne capitale de la Russie et elle occupe encore dans le cœur du peuple un rang plus important que Pétersbourg. Les journaux étrangers donnaient peu de nouvelles de l'insurrection dans les autres villes, mais ils étaient remplis d'histoires émouvantes sur Moscou. Afin de relever son crédit à l'étranger comme dans le pays, le gouvernement devait concentrer là toutes ses énergies. Le 13, un train de troupes fraîches arriva, venant de Tver, et le jour suivant, puis le suivant, il en accourut de Pétersbourg, où il n'y avait pas le moindre signe de trouble.

L'arrivée des troupes fit tourner le succès. Découragés par l'inaction des travailleurs pétersbourgeois, les révolutionnaires se sentirent perdus et les jours suivants, ils se battirent avec l'énergie du désespoir. La milice révolutionnaire des filatures de coton et des fabriques de meubles du faubourg de Presnia tint bon le plus longtemps. De toutes les troupes éparses de combattants, c'étaient les mieux organisées et les mieux conduites. Le 17, les barricades étant démolies dans le reste de la Cité, ils se virent entourés d'une force écrasante. La canonnade était terrible. Il ne fallait pas espérer se défendre plus longtemps. Ils gardèrent leurs positions quelques heures, se faufilèrent à travers les forces enveloppantes et s'enfuirent.

Pendant quelques jours, les troupes passèrent leur temps à détruire les maisons dont les propriétaires étaient suspects de complicité dans la révolte ainsi qu'à pourchasser et à tuer autant d'insurgés que possible. Cette manière d'agir n'eut rien de bien nouveau et plus d'un innocent fut exécuté. Les jours de pacification furent les jours de terreur. La Cité fut encombrée de patrouilles. Il devint impossible d'aller dans les rues sans être fouillé par les soldats et on expédiait sans retard ceux qui étaient trouvés porteurs d'une arme. Donner l'assistance médicale aux blessés était un crime et plus d'un médecin eut le sort du Docteur Liebmann que les soldats exécutèrent dans sa propre maison, sous les yeux de sa famille, parce qu'on le soupçonnait simplement d'avoir aidé un des postes de la Croix Rouge organisé par les révolutionnaires.

Quand Moscou fut suffisamment pacifié, les troupes furent envoyées dans d'autres villes et lorsqu'elles eurent été reprises, la même politique sanglante de pacification leur fut appliquée. Cela demanda des mois pour reconquérir la Sibérie. Ali Kanov, général russe d'origine turque, était encore en train de pacifier le Caucase au mois de mars et malgré que le gouvernement républicain des provinces baltiques ait été renversé en janvier, le gouvernement croit encore nécessaire, après deux années, de maintenir les cours martiales de campagne et les exécutions sommaires ont très peu diminué.

L'étouffement par la répression de décembre marqua la fin des jours de liberté. La liberté, conquise par les travailleurs, leur fut vite retirée après leur défaite sur les barricades.

Les travailleurs de Russie, formant moins d'un dixième de la population, ont livré leur bataille. Pendant quelques jours, en octobre, ils furent les maîtres de l'Empire. Mais leur pouvoir s'évanouit graduellement. Ils furent écrasés en décembre. Epuisés par trois grèves générales, leurs leaders pourrissant en prison, les plus vaillants des leurs enterrés sous les barricades, il est peu probable que cette génération de travailleurs retrouvera la vigueur suffisante pour devenir une force décisive dans un avenir rapproché.

Les travailleurs de Russie de notre génération ont lutté pour la liberté plus vaillamment, plus résolument, plus solidement que dans n'importe quel autre pays. Pourtant, l'espoir de la Russie n'est pas chez eux. C'est un pays agricole, le seul que l'on ait connu dans notre siècle et dans le dernier. Il n'a pas de véritable prolétariat. Il n'a pas une classe ouvrière nombreuse et bien organisée. Le centre de gravité politique se trouve en dehors des cités.

Les Élections

Le résultat immédiat de la suppression de la levée prolétarienne fut de faire passer le foyer de l'intérêt politique des travailleurs à la classe moyenne. Les pensées furent concentrées sur les élections et les révolutionnaires s'effacèrent dans une pénombre relative à côté des libéraux et des radicaux. Des nombreux partis politiques qui s'étaient annoncés pendant les jours de liberté, quelques uns seulement subsistaient encore. Les principaux étaient le Parti du 17 octobre et le Parti démocratique constitutionnel

Les membres du premier parti, les Octobristes, exprimèrent au tsar leur loyauté absolue. Comme programme, ils rappelèrent les réformes promises par le manifeste d'octobre. Ils soutenaient que le tsar avait été sincère dans son désir de régénérer l'Empire, mais que ses intentions bienveillantes avaient été contrecarrées par l'agitation révolutionnaire dans les masses. Ils avaient le désir d'aider le tsar à réaliser sa politique« libérale. » Leur force était dans les fonctionnaires, les nobles fortunés et les gros seigneurs terriens.

Les Constitutionnels démocrates, dits Cadets, qui dans la suite furent le parti dominant à la Douma, demandent une étude plus sérieuse. Jamais ils ne furent un parti homogène, ayant un idéal clairement défini. Ils étaient dans l'opposition au gouvernement avec des moyens constitutionnels et parlementaires distincts de l'action révolutionnaire. Ils comptaient dans leur sein tous les degrés de l'opposition, entre les octobristes loyaux et les socialistes. Mais parmi leurs éléments divers et souvent en lutte, deux grands courants peuvent être distingués, la petite noblesse terrienne et les gens de métier.

Sur toute l'étendue de l'Empire, des milliers de propriétaires terriens se trouvaient à la veille de la banqueroute. Durant le dernier quart de siècle, la police fiscale du gouvernement est devenue de plus en plus hostile à l'agriculture. Les désordres paysans, de plus en plus menaçants d'année en année, ont contribué fortement à diminuer les revenus des propriétaires. Les Cadets proposaient d'exproprier toute la terre et de la répartir entre les paysans. Les domaines de l'Eglise et de l'Etat seraient confisqués et les propriétés privées achetées par le gouvernement. Cette combinaison était très alléchante pour ces propriétaires qui désiraient revendre, mais ne pouvaient trouver des acheteurs individuels. La presque totalité de ces libéraux qui avait eu la première place dans l'opposition des Zemstvos se joignirent aux Cadets.

Ce sont les gens de métier qui exercèrent l'influence prépondérante au sein du parti démocratique constitutionnel. Ils voulaient un pays prospère et allant de l'avant; peu leur importait que ce soit une république ou une monarchie constitutionnelle. Les professions techniques voulaient un gouvernement assez fort pour développer les immenses réserves de ses ressources nationales. Les professions libérales —avocats, médecins, professeurs, journalistes — voulaient une nation assez riche pour les faire vivre. Ces hommes — que j'ai nommés radicaux — n'étaient que médiocrement intéressés par les propositions économiques du socialisme, pour ou contre elles. Ils n'étaient hostiles à aucune des demandes formulées par les ouvriers ou les paysans, qui contribuaient à augmenter la richesse commune; mais leur principal sujet d'intérêt, c'était la réforme politique.

Ayant plus de facilités pour l'éloquence publique, à la tribune ou dans la presse, ils faisaient la loi dans leur parti et lui imprimaient un caractère plus radical que la qualité de membre participant ne l'exigeait. Ils étaient toutefois des hommes de compromis invétérés, des opportunistes à l'extrême. Afin de s'assurer l'appui des électeurs mahométans, ils rayèrent de leur programme le suffrage des femmes. Afin de se concilier le gouvernement, ils renvoyèrent la république à un avenir indéterminé et se contentèrent de demander une monarchie constitutionnelle.

A côté de ces deux grands partis, se trouvaient une multitude de partis moins importants. Le parti national polonais avait un grand prestige dans son entourage. Le parti de la loi et de l'ordre et le parti des marchands, étaient des partis d'organisation générale, sans grande importance. Le premier, soutenu par les capitalistes, rêvait d'un gouvernement assez fort pour supprimer le mouvement ouvrier. Les marchands avaient également besoin de la loi et de l'ordre, afin de garder leurs boutiques ouvertes. Quant aux socialistes, ils n'étaient pas d'un grand poids dans la campagne. Ils avaient décrété le boycottage des élections. Ils ne nommaient pas de candidats, Toute leur activité se bornait à l'obstruction.

Il n' y avait qu'une question vis à vis de la nation; leur appui irait-il au gouvernement ou bien à l'opposition. Enfin, l'assertion si souvent émise que la Révolution était l'œuvre de quelques mécontents, et que la grande masse du peuple restait fidèle allait être vérifiée par les faits. C'était la première élection générale en Russie, et le peuple avait trop peu d'expérience politique pour s'intéresser aux points secondaires des divers programmes. Les candidats rédigèrent leur profession de foi directement dans ce sens. Devant leurs électeurs, ils se placèrent en face de cette question bien nette de l'opposition aux vieux régime ou de son soutien.

Les Cadets furent le parti le plus actif du cours de la campagne. A l'heure même où les travailleurs se faisaient tuer sur les barricades de décembre, les Cadets convoquaient des réunions de Comités. Partout où la police le tolérait et aussi souvent qu'ils le purent, ils organisèrent des réunions publiques. Ils concentrèrent leurs efforts sur la classe moyenne intelligente. C'est là qu'ils trouvèrent le meilleur appui. Ils firent quelques efforts pour atteindre les travailleurs et les paysans, mais n'eurent pas de succés. Manquant d'expérience politique, les Cadets ne comprennaient pas l'agitation populaire. Leurs orateurs étaient d'érudits professeurs ou des journalistes instruits qui ne réussirent pas à atteindre leur public. Les gens du vulgaire qui purent saisir le sens des grands mots qu'ils employaient ou des sujets compliqués qu'ils discutaient, devaient leur éducation aux agitateurs socialistes et fatalement les demi-mesures opportunistes que les Cadets préconisaient les dégoûtèrent.

Les Octobristes et les autres partis lancèrent des manifestes et des placards pour demander des suffrages ; ils ne firent guère plus. Au moyen de leur presse illégale et de leurs réunions secrètes, les socialistes menèrent leur propagande d'obstruction.

Dans les premiers jours de mars, le gouvernement commença à s'inquiéter des résultats. S'il devait être victorieux au scrutin il devenait nécessaire évidemment de faire quelque chose. Il organisa « La Ligue des vrais Russes ». Dans presque toutes les villes, il y a des bandes d'apaches et de kouligans qui, moyennant un peu de boisson sont prêts à faire de la sale besogne pour le compte de la police. Ils avaient servi le gouvernement en massacrant les juifs et en maltraitant les étudiants si souvent, qu'ils avaient été désignés du nom de « Cent Noirs ». En réalité, la rumeur populaire leur avait donné plus d'importance qu'ils n'en méritaient. On les croyait en général bien organisés et il m'est souvent arrivé d'entendre des rapports détaillés sur les salaires reçus par eux, un rouble pour chaque juif ou révolutionnaire tué, et ainsi de suite.

Mais il est improbable qu'une organisation de ce genre ait existé avant cette époque. De même que dans toutes les grandes villes, la police connaissait les repaires de ces apaches et savait comment s'assurer leurs services dans chaque cas particulier. Cette fois, le gouvernement organisait ouvertement cette clique en « Ligue des vrais Russes ». On leur permettait de faire des réunions publiques, et leurs discours étaient plus violents qu'aucun de ceux qu'ait pu prononcer le plus furieux révolutionnaire. Leurs journaux excitaient aux massacres des juifs et engageaient les loyaux sujets du tzar à débarrasser la terre une fois pour toutes de ses ennemis, généralement par l'assassinat. En bien d'autres endroits. ils étaient armés par la police avec des revolvers de l'armée. Leur Comité central fut reçu et décoré par le tzar, qui les remercia de leurs loyaux services et leur conseilla de continuer leur bon travail pour la défense de Dieu, du tzar et de la patrie. Ils prirent une part active à la campagne, désorganisant les réunions des libéraux, assommant les leaders de l'opposition, et cherchant à effrayer la grande masse des électeurs. Le ballottage ne fut pas secret et cela les aida dans leur œuvre d'intimidation.

La police elle aussi prit part à la campagne. Les réunions des constitutionnels-démocrates furent interdites, leurs journaux confisqués, leurs brochures supprimées. La loi électorale disait qu'aucun d'eux, sous peine d'être arrêté, ne devait se porter comme candidat. La police surveillait tous ceux qu'elle jugeait dangereux. A Moscou, quinze avocats en renom furent mis en prison pour ce motif.

La veille des élections, les forces se trouvaient placées comme suit:

La Gauche, socialistes, pour obstruer les élections,

Le centre, Cadets, pour les utiliser,

La droite, gouvernement, pour les émasculer.

Comme mesure de précaution policière, afin de permettre le mouvement des troupes d'une région vers l'autre, sous le prétexte d'empêcher les désordres, mais dans le but d'intimider les électeurs en réalité, le vote eut lieu à des moments différents dans les différents districts. On étendit les élections sur tout le mois de mars et sur la première moitié d'avril. Les résultats arrivèrent lentement, mais à fin de mars, il était évident que la victoire était au centre.

Les boycotteurs échouèrent piteusement. Dans les villes, leur influence se limitait aux ouvriers de fabrique. En certains cas, les hommes s'abstinrent de venir aux urnes ou se livrèrent à certaines plaisanteries comme de voter pour un sourd-muet. Mais en général ils votèrent. « La Douma ne vaudra pas grand'chose, dirent-ils, mais il vaut mieux avoir des honnêtes gens que des espions de la police. » Les paysans, presque sans exception, prirent les élections très au sérieux et choisirent les meilleurs d'entre eux. Ils ne s'étaient pas intéressés aux partis politiques et votèrent pour des personnalités plutôt que pour des principes. Leurs délégués n'étaient attachés à aucun parti. Si l'on tient compte des forces mises à sa disposition par le gouvernement, la droite avait un succés étonnamment mince. Çà et là, lesCent-Noirs réussirent à hisser leurs candidats au pouvoir. Parmi les députés des villes, les deux tiers étaient des Cadèts. Même dans l'allégresse qui suit la victoire, les Constitutionnels-Démocrates eux-mêmes comprirent que leurs suffrages n'étaient pas l'indice que leur programme était en général aimé et compris, mais seulement que leur parti était celui qui se trouvait le plus à gauche. Ce n'était pas tant une victoire des Cadets qu'une défaite du gouvernement.

Sortant de leur obscurité séculaire, les paysans surgissaient tout à coup en pleine lumière politique. La balance du pouvoir était entre leurs mains. Toutes les factions les courtisaient. Le gouvernement leur ouvrit un cercle à Pétersbourg, et il leur fit cadeau d'un portrait du tzar, espérant ainsi les gagner. Des orateurs insinuants, depuis la police réactionnaire jusqu'aux anarchistes les haranguèrent. A chaque instant une nouvelle députation se présentait à leur quartier général avec quelque factum ou quelque invitation à dîner. A la fin, les paysans, n'ayant plus de défense, prirent un concierge et interdirent l'accès de leur club à tous les étrangers. Comme le jour de l'ouverture de la Douma approchait, des nouvelles sur le parti paysan « le Groupe du Travail » passèrent à travers leurs portes closes et commencèrent à remplir les journaux.

Le Groupe du Travail était fils de l'Union Paysanne. Peu après le manifeste d'octobre, dans le premier enthousiasme des Jours de Liberté, un groupe d'intellectuels se forma autour d'un paysan nommé Kurneen. Kurneen s'était instruit par lui-même, et il était employé à la succursale de la Standart-Oil, de Moscou. Son idée était de travailler au développement d'une Union de Paysans, sur le plan de l'Union des Unions. L'organisation devrait éviter la forme didactique des partis politiques; elle devrait aller à la recherche des renseignements au lieu de les fournir. Son but n'était pas de dire aux paysans ce dont ils ont théoriquement besoin, il était de trouver ce dont ils avaient réellement besoin, de coordonner ces besoins autant que possible et d'aider les paysans dans leur réalisation

Avant que l'insurrection de décembre eût mis un terme aux Jours de Liberté, l'Union des Paysans avait enrôlé plus d'un million de membres et elle avait rallié nombre de fois autant de sympathies. Par leur présence d'esprit et leur tact, les leaders de l'Union s' étaient assuré le respect et la confiance des paysans à un tout autre degré que les socialistes.

Dans la tourmente et l'agitation des premiers jours à Saint-Pétersbourg, alors que chacun émettait son idée opposée à celles des autres, les députés paysans se rapprochèrent de leurs vieux amis de l'Union Paysanne, et ils en reçurent quantité de conseils préliminaires. Mais une fois lancé, le Groupe du Travail se trouvait en mesure de marcher tout seul. La dignité avec laquelle ces paysans frustes et inexpérimentés se conduisirent dans cette vie de la capitale, nouvelle et pleine d'inconnu, fut remarquable. Dans ces jours d'épreuves, ils furent entourés de tous les côtés de séducteurs qui firent leur possible pour les tromper, les acheter ou les entortiller individuellement; mais, ils allèrent droit leur chemin. Ils ne prirent de conseils que d'eux-mêmes, et trois jours avant l'ouverture de la Douma, le public ne savait encore que penser de ce parti à peine né. Quand leur programme parut, l'antique sophisme qui voulait que les paysans fussent loyaux et satisfaits tomba. Le programme des députés paysans plaçait le Groupe du Travail à l'extrême-gauche de la Douma.

La Douma

Le 27 avril, quinze mois après le massacre des partisans du Père Gapone, tous les regards étaient tournés une fois de plus sur le Palais d'Hiver. Pour la première fois, depuis le massacre, le tsar était revenu à Pétersbourg pour recevoir les députés nouvellement élus et pour ouvrir en grande pompe la Douma. Les taches rouges du Dimanche Sanglant étaient effacées des pavés depuis longtemps déjà, mais le souvenir de cette journée était encore vivace dans la mémoire des députés, lorsqu'ils traversèrent la place.

Vingt mille soldats se trouvaient massés aux abords du palais. A l'intérieur, tout avait été combiné pour que les délégués paysans se sentent frappés de la grandeur et de la puissance du tsar. Vers deux heures, tous avaient pris leurs places. D'un côté de la Chambre du Trône se tenaient les plus fidèles soutiens de la couronne: généraux et amiraux, conseillers privés et hauts fonctionnaires, vêtus dans toute la splendeur d'une cour orientale. Au milieu de la salle, il y avait un étroit passage pour la procession royale. De l'autre côté, c'était la masse compacte des députés du peuple. Le contraste était frappant. Par ici, les habits écarlates, les passementeries dorées, les décorations enrichies de pierreries de l'autocratie. Par là, des complets sombres se mariant avec les manteaux gris foncé des paysans. Le contraste dans les visages et les attitudes était plus frappant encore. Les soutiens du vieux régime, aux figures bouffies, aux regards voilés par les excès de plaisir échangeaient des propos impertinents à haute voix, ou bien se moquant avec insolence et cynisme des gens du peuple de l'autre côté de la salle. Là, des députés proprement mis, aux visages intelligents, conversaient gravement avec leurs collègues. Les paysans restaient silencieux pour la plupart; leurs regards sérieux et presque mystiques, questionnant tout autour d'eux. Aucune parole, aucun salut à travers la salle. L'inimitié entre les deux côtés de l'assemblée était trop visible pour permettre une seule seconde de courtoisie.

Au son des trompettes, le tsar entra et descendit l'étroit sentier qui séparait les deux factions. Une cérémonie religieuse fatigante eut lieu, puis le tsar lut son discours du trône. Cela dura tout juste trois minutes, sans un seul mot remarquable. Le tsar aimait son peuple et mettait sa confiance en Dieu. C'était tout. Pas un mot sur l'amnistie. Pas un mot relatif à la terre. Pas un mot sur une seule des cent différentes questions qui brûlaient dans le cœur du peuple: « Que Dieu me bénisse et vous bénisse ! » C'est ainsi qu'il termina. Le fonctionnarisme applaudit, mais, dans la Douma, ce fut un silence de mort. Si un seul de ces députés avait pu garder sa foi dans la bienveillance du tsar, au moment où il marchait sur le sol ensanglanté, en face du Palais d'Hiver, il ne put garder plus longtemps son illusion. Quelques paroles sincères auraient plus que jamais raffermi Nicolas sur son trône. Il laissa passer l'occasion, et enfonça un nouveau clou dans son propre cercueil !

Les députés sortirent à la file dans un morne silence, p[illegible] s se rendirent au Palais de Tauride où devaient se tenir leurs sessions. Pendant le parcours, le bateau sur lequel ils remontèrent le fleuve passa dans l'ombre de la prison centrale. A chaque fenêtre, les prisonniers, ceux dont l'héroïsme avait rendu la Douma possible agitaient leurs mouchoirs et saluaient les députés qui passaient.

C'est ainsi, sous de tels auspices, que se réunit le premier parlement russe: raillé par les fonctionnaires, rudoyé par le tsar, acclamé par les prisonniers politiques

Il était évident que la première chose à faire, c'était de rédiger une réponse au discours du trône. Une commission de trente trois membres fut nommée pour ce travail: onze de la droite, onze Cadets, onze du groupe du travail. Chacun comptait que les Cadets contrôleraient les paysans et que le canevas de la réponse serait leur œuvre. Le rapport de la commission, lorsqu'il fut lu, fut une surprise. C'était un document stupéfiant. Jamais, dans l'histoire, une assemblée de gens aussi respectables n'avait signé un texte aussi révolutionnaire. La « Déclaration de l'Indépendance américaine » et les « Droits de l'Homme » français paraissent à côté d'un pâle conservatisme. En plus des libertés promises par le tsar dans le manifeste d'octobre, il demandait l'abolition de la Chambre Haute, la responsabilité du ministère, l'amnistie complète pour les prisonniers politiques, l'expropriation de toute la propriété terrienne, une nouvelle assemblée élue par le suffrage universel ayant le pouvoir de constituer une république démocratique. C'était le programme du groupe du travail en élaboration. Les Cadets, au lieu de mener les paysans, avaient été menés par eux La réponse fut adoptée à l'unanimité par la Douma. Les onze députés qui y étaient opposés quittèrent la salle, n'osant pas voter contre elle

Le document une fois adopté, plusieurs jours se passèrent à discuter sur le moyen de l'envoyer. Un député paysan proposa de le télégraphier au tsar, qui était rentré dans sa retraite de Tsarskoïe-Sélo. Un autre proposa une résolution engageant les députés à ne pas quitter la Chambre et à ne prendre aucune nourriture tant que l'amnistie n'aurait pas été accordée. Finalement on adopta des méthodes plus modérées et plus diplomatiques et la réponse fut envoyée avec les formalités requises.

Les jours suivants se passèrent à discourir. Dans les monarchies constitutionnelles, comme l'Allemagne ou l'Angleterre, ce n'est pas la coutume que le souverain réponde à la réponse au discours du Trône. Personne ne savait ce que le tsar allait faire. L'ordre du jour était de débiter des discours. Des députés de tous les coins de l'empire, des provinces Baltiques et de la Sibérie, des districts glacés du nord et des rives de la Mer Noire, exposèrent les griefs de leurs électeurs. Ils avaient tous quelque chose à dire, l'un apres l'autre. Mais les prisons ne s'ouvraient pas, les récoltes n'en étaient pas meilleures, et les plaintes des sans-travail augmentaient sans cesse.

Enfin, à la surprise de tous, Goremykine, le premier ministre, monta à la tribune et esquissa la politique du gouvernement. Son débit était celui d'un maître d'école irritable, sermonnant des gamins turbulents sur leur conduite. Son discours, dans lequel il repoussait point par point les réclamations de la Nation, fut comme de l'huile fraîche jetée sur le feu de l'éloquence parlementaire et le palais de Tauride retentit de paroles irritées. On prit même l'habitude de faire asseoir les ministres à coups de sifflets quand ils se levaient pour parler. Lorsque le ministre de l'agriculture répondit à la demande d'expropriation en offrant de vendre quelques parcelles des terres de la Couronne, le Groupe du Travail quitta la Chambre en bloc.

Les accusations contre le gouvernement devinrent de plus en plus acharnées, et elles atteignirent leur maximum avec les deux évènements que voici. A l'heure où les députés travaillaient à l'élaboration d'une loi abolissant la peine de mort, on reçut la nouvelle que huit hommes avaient été condamnés à mort dans les provinces baltiques. Malgré les protestations de la Douma, on les avait exécutés. Au même moment eut lieu un massacre de juifs à Bielostok. La Douma envoya une commission pour faire une enquête sur l'affaire, et celle-ci, dans un rapport soigneux, fit remonter la cause des désordres à de hauts fonctionnaires du gouvernement central.

Pendant que tous ces vains anathèmes étaient jetés aux fonctionnaires, les députés paysans commençaient à s'inquiéter. On les avait envoyés à la Douma avec un mandat essentiel, reprendre la terre pour leurs électeurs. Les semaines passaient et l'on n'avançait pas. Les paysans commencèrent à envoyer de nouveaux députés pour savoir ce que cela voulait dire. Les membres du groupe du Travail reçurent quelque chose comme vingt mille lettres et télégrammes envoyés par les réunions de village ou les groupes d'électeurs et demandant pourquoi la nouvelle loi donnant la terre aux paysans n'avait pas encore passé. La pression du dehors augmentant, ils insistèrent de plus en plus pour la discussion immédiate de la question des terres. C'était un sujet dangereux et les Cadets désiraient l'éviter, dans la crainte d'une rupture avec le groupe du Travail. Les Cadets tenaient à rembourser les propriétaires avec les fonds publics. Ayant toujours considéré l'usage de la terre comme un droit naturel dont les propriétaires les ont frustrés, les paysans répugnaient à payer ce qu'ils considéraient comme leur appartenant. C'est pour cela que les Cadets atermoyaient et cherchaient du délai. Dans l'impossibilité de faire aboutir aucune des réformes pour lesquelles on les avait envoyés à la Douma, le groupe du Travail se décida à un « Appel au Peuple ». L'appel proposé déclarait que la Douma était un corps impuissant, n'ayant aucun pouvoir pour obtenir les réformes demandées, et comme il leur était impossible de réaliser quoi que ce soit à l'encontre du gouvernement, c'était au peuple à renverser le gouvernement. C'était un appel aux armes.

Les Cadets se trouvèrent donc placés dans l'alternative d'une rupture ouverte avec le groupe du Travail ou de l'abandon de leur tactique constitutionnelle. Ils s'efforcèrent, comme toujours, de conjurer la crise par un compromis. Ils proposèrent une « déclaration » au peuple dans laquelle ils parleraient de leurs efforts pour obtenir des réformes et de leur insuccès, mais sans appel à la révolte. Ce qui sortit du débat, nul ne le sait.

La Douma fut dissoute par le tsar. Les députés firent trêve une nuit, comme à l'ordinaire et le lendemain matin ils trouvèrent le palais de Tauride occupé par les troupes et le manifeste de la dissolution cloué à la porte.

La scène fut transférée à Viborg, petite ville située de l'autre côté de la frontière, en Finlande, au delà du rayon de la police russe. La plupart des députés renvoyés y coururent en foule. La dissolution était une surprise et aucun plan n'était fait. Certains voulaient que l'on se déclarât gouvernement révolutionnaire, « le gouvernement », et que le peuple fut appelé à leur secours. D'autres disaient que l'on ferait de meilleure besogne en rentrant chez soi pour expliquer la situation aux électeurs. Plusieurs séances eurent lieu et aucun plan n'était encore adopté, lorsqu'arriva la nouvelle que le gouvernement finlandais avait décidé de coopérer avec les autorités russes et que leur arrestation était imminente. Ce qu'il y avait à faire devait être fait à la hâte. Ils se décidèrent à rédiger un manifeste.

Le manifeste était franchement révolutionnaire, mais incohérent et faible. Il dénonçait les crimes du gouvernement, parlait des vains efforts des députés pour obtenir des réformes et dépeignait l'acte de dissolution comme une trahison envers la nation. Il déclarait le gouvernement hors la loi. Au nom du peuple, il reniait toutes les dettes qu'il pourrait contacter dans sa guerre contre la nation. Il ne donnait cepen 'ant aucune idée d'un effort combiné pour renverser le gouvernement. Il préconisait la résistance passive. Il engageait le peuple à refuser de payer les impôts et de donner des recrues à l'armée. Il se terminait par cette phrase pompeuse: « Russes dans la lutte qui approche, vos députés seront avec vous. » Deux idées concrètes s'y trouvaient: le refus des impôts et des recrues. Mais ce n'est pas la masse du peuple qui paie les impôts ou s'enrôle dans l'armée. Ces actes sont individuels. Celui qui s'y refusait, heurtait sa force isolée contre la force du tsar toute entière. Le verdict général fut franchement hostile au manifeste. Les députés eussent dû plutôt trouver quelque formule sur laquelle le peuple aurait pu se lever en masse, ou bien alors conseiller la patience, jusqu'à ce qu'un événement se produisit.

A la Douma, les constitutionnels démocrates furent mis à l'épreuve et reconnus au-dessous de leur tâche. Ils contrôlèrent la Douma, mais n'accomplirent pas une seule réforme. Il n'est pas juste, comme l'ont fait nombre de journaux étrangers, de dire que leur faillite vient des embarras causés par le Groupe du Travail. Durant les deux premiers mois de la vie de la Douma, les députés paysans et ouvriers collaborèrent de bon cœur avec les Cadets. Ce n'est seulement qu'après que deux longs mois de stagnation leur eurent démontré l'impuissance des Cadets qu'ils s'en détachèrent et se tournèrent vers leurs propres leaders : Aladine, Anikine et Jilkine. On ne les avait pas envoyés pour ouïr des essais académiques ou de beaux discours. Lorsqu'une longue inaction eut prouvé qu'ils n'avaient rien de mieux à attendre des intellectuels, ils se décidèrent à faire leurs affaires eux-mêmes.

Les Cadets, représentant la bourgeoisie russe, ne réussirent pas à produire un « leader ». Un coup d'œil, jeté sur les noms de leurs députés les mieux connus, montre leur impuissance à faire face à une crise. Mouromtsef, le président de la Douma, était un professeur de l'Université, doux, bon et aimable. Roditchef et Petrunkevitch étaient des orateurs de haute qualité, des hommes braves et intègres. Hertzenstein, assassiné après la dissolution par les valets du gouvernement, était un savant, une autorité indiscutée sur les questions agraires. Aucun d'eux n'était un leader. En face des crises politiques les plus graves, ils lisaient des journaux scientifiques, débitaient de brillantes harangues ou écrivaient des éditorials en style rhétorique. Il n'existait pas de Mirabeau dans leur sein.

Une cause de faiblesse plus grave, c'est qu'ils n'avaient pas de classe consciente et bien définie derrière eux. Les députés qui siégeaient à leur droite parlaient clairement, au nom de toutes les forces de privilège, de réaction. A leur gauche, le Groupe du Travail exprimait les revendications unanimes de quatre-vingt millions de paysans. Mais les Cadets qui représentaient-ils ? La Russie n'avait pas de bourgeoisie analogue à celle de la France pendant la grande Révolution, pas de classe capitaliste comme en Amérique. La majeure partie du capital, placé dans l'industrie russe, appartient à des étrangers. Les constitutionnels démocrates de la première Douma, n'avaient pas de conscience de classe. Certains parlaient pour les nobles peu fortunés. D'autres exposaient les griefs des intellectuels. Ils n'avaient nulle part, derrière eux, ce que trouve un parti de classe moyenne dans l'Europe occidentale ou en Amérique.

Longtemps avant la dissolution, les Cadets ont sans doute compris que leurs seules forces n'étaient pas suffisantes pour faire aboutir leurs réclamations. Deux voies leur étaient ouvertes : renoncer à leur programme et soutenir le gouvernement ou bien reconnaître leur propre impuissance et se mettre à l'écart. Ils ne firent ni l'un ni l'autre et donnèrent libre cours au besoin de s'entendre parler. A la fin, lorsque les paysans impatientés de tant de vaines paroles leur dirent : « Cette plaisanterie doit cesser. Nous allons en appeler au peuple. », les Cadets ne les laissèrent pas faire et ils n'allèrent pas davantage avec eux, Ils se pendirent à leur cou pour les gêner, en criant : « La paix ! la paix ! », alors qu'il n'y avait pas de paix possible.

De même que la répression de l'insurrection de décembre montra que les travailleurs industriels étaient insuffisants à eux tout seuls pour renverser le gouvernement, de même le fiasco de Viborg démontra l'incapacité de l'équivalent de la bourgeoisie en Russie.

La Mutinerie de Kronstadt

La semaine qui suivit la dissolution fut une semaine d'arrestations. La police prit bien vite dans ses filets à peu près tous les révolutionnaires qui s'étaient mis en évidence durant les séances de la Douma. Leurs journaux furent supprimés et tout leur état-major appréhendé. Il y avait bien alors des désordres paysans intermittents, mais point de soulèvement général et les fonctionnaires commençaient à se féliciter du calme, qu'ils considéraient comme le signe que la révolution était morte, lorsque s'élevèrent à Sveaborg les flammes de la révolte. Sveaborg est un groupe d'îles fortifiées situé au large des côtes de la Finlande. C'est le Gibraltar de la Russie. Les soldats et les marins, sous la conduite des révolutionnaires, s'étaient mutinés et une grande partie des fortifications était entre leurs mains.

De plus grande importance que Sveaborg est la forteresse de Kronstadt, à la sortie du port de Saint-Pétersbourg. A ce moment, la police découvrit une gigantesque conspiration militaire dont la mutinerie de Sveaborg n'était qu'une partie. Kronstadt et le camp militaire au nord de la Cité, ainsi qu'un grand nombre d'autres garnisons y étaient compris. Un soldat du camp militaire avait raconté tout ce qu'il savait. La date du soulèvement était fixée deux ou trois semaines plus tard. L'explosion de Sveaborg était prématurée. On dépêcha des cosaques au camp militaire et les régiments mécontents furent divisés en petites sections que l'on dispersa en les envoyant au loin.

Pour Kronstadt, le problème était plus difficile. Dans la grande quantité de troupes qui s'y trouvaient, il n'y avait pas moyen de définir lesquelles étaient impliquées dans la conspiration. Sous le prétexte que l'on avait besoin d'eux pour réprimer la révolte de Sveaborg, on donna l'ordre de mobilisation aux régiments les plus suspects. Les soldats révolutionnaires furent trompés. Avec l'idée de se joindre aux camarades de Sveaborg dès leur arrivée, ils partirent volontiers, On mit à leur place des régiments de la [illegible]de restés fidèles. Puis, le gouvernement dénatura les nouvelles concernant Sveaborg.

La révolte y avait été en realité de courte durée, et elle était réprimée déjà. On fit courir le bruit que les mutins étaient maîtres de tous les forts, qu'ils avaient capturé les vaisseaux de guerre dans les ports, et que ces bâtiments étaient en route pour aider les révolutionnaires à s'emparer de Kronstadt. Des espions de la police, se faisant passer pour des révolutionnaires, se mêlèrent aux soldats de Kronstadt pour leur raconter les nouvelles en leur disant que les soldats de Sveaborg seraient honteux de voir flotter le drapeau russe à leur entrée au port, au matin. Ils les engagèrent à se révolter sur le champ et à lever le drapeau rouge.

Quelques soldats, parmi les plus intelligents, sentirent le piège, mais la grande majorité s'enflamma en apprenant la nouvelle, et au signal convenu, une sonnerie de cloches, les soldats coururent à leur caserne pour s'emparer de leurs armes. Ils trouvérent les chiens ôtés des fusils. Les munitions des mitrailleuses avaient été cachées. Les culasses des canons n'y étaient plus.

C'est alors que commença le massacre, par les troupes fidèles. Les soldats révoltés se battirent en désespérés. Avec leurs lourds fusils et sans autre chose dans les mains, ils s'emparèrent de deux des forts du groupe. Mais leurs canons ne marchant pas, ils restèrent sans défense devant les feux concentrés des forts restés fidèles et des bâtiments à l'ancre. Pendant deux jours, à Pétersbourg, on entendit le grondement de la canonnade. Le feu de l'infanterie ne s'entendit pas jusque-là ; les escouades de prisonniers furent exécutées l'une après l'autre. Bien des semaines après, les pêcheurs du port firent encore des récits horrifiants de corps mutilés flottant sur la mer. Le poisson frais ne figura pas sur les menus des restaurants pendant bien des mois.

Les détails exacts de la conspiration n'ont jamais été imprimés, mais de temps en temps des renseignements nouveaux se font jour, qui en font connaître toute l'étendue Il n'est pas douteux que semblable agitation avait été entreprise dans les forteresses de la Mer Noire, à Sébastopol et à Odessa, et qu'elle avait pénétré un très grand nombre de garnisons à l'intérieur du pays. C'était la plus énorme conspiration militaire qui ait jamais été tentée.

L'armée possède dans la vie de la Russie une importance dont un Français peut se faire difficilement une idée. Elle est le principal boulevard de l'aristocratie. De plus en plus les révolutionnaires concentrent leur attention sur les moyens de se l'assurer. Jamais jusqu'à présent un mouvement révolutionnaire aussi profond n'avait levé dans un pays où le service militaire est obligatoire et universel.

Deux systèmes de recrutement se sont développés dans les temps modernes : le système des volontaires et le système des conscrits. Le premier, dont l'Angleterre et l'Amérique offrent des exemples, engendre la caste militaire. Les officiers et les hommes sont soldats parce que cela leur plaît. Pour eux, l'armée est leur carrière. Ils perdent tout intérêt économique dans les autres sphères de la vie et deviennent plus ou moins consciemment une classe militaire.

Une armée de conscrits, comme en Russie et dans la plupart des nations européennes, possède une bien plus grande force numérique, avec moins d'esprit de corps. Le service militaire n'y est pas considéré comme une carrière, mais comme une partie nécessaire de la vie de chacun, en général très déplaisante. L'heure approche où chaque paysan doit quitter sa famille et faire son temps pour le gouvernement. Il n'a pas plus de plaisir à accomplir son temps de service qu'à payer les impôts civils. C'est la même quantité de temps et d'énergie, équivalente à une forte somme d'argent que l'état lui confisque. Pendant toute la durée de cet intervalle, il ne lui est pas un seul instant possible de penser comme soldat. Ses souvenirs et ses affections sont concentrés sur sa famille, avec tous ses espoirs en l'avenir. Né paysan ou ouvrier de fabrique, il reste ce qu'il était, malgré l'uniforme et la discipline. Sa solidarité avec la classe à laquelle il appartient n'a qu'une importance insignifiante ou nulle dans une guerre avec l'étranger. Elle devient immédiatement une faiblesse dangereuse dans une lutte intérieure, dans la répression d'un mouvement révolutionnaire populaire en particulier. Logiquement, la sympathie d'une armée de conscrits va au peuple plutôt qu'au gouvernement ; en Russie, elle va avec les forces de la Révolution. Toutes les injustices et toutes les misères qui soulèvent la grande masse des paysans sont enfermées tout aussi profondément dans le cœur des soldats.

Le gouvernement cherche à remédier à cette faiblesse de bien des manières. En qualifiant les révolutionnaires de traîtres et d'ennemis de la patrie, en insinuant qu'ils reçoivent leurs fonds des Japonais et autres nations hostiles, il s'efforce de donner l'apparence d'une guerre étrangère à la crise actuelle. La répartition des troupes est le résultat de plans soigneusement mûris.

Les recrues de la Pologne sont envoyées dans le cœur de la Russie, chez leurs ennemis héréditaires. Les paysans du Sud sont mis en garnison dans le Nord. Toujours, on fait en sorte que chaque recrue soit placée aussi loin que possible de son toit, géographiquement et psychologiquement. La grande variété des races qui contribuent à former l'Empire aide le gouvernement dans sa politique.

Par des présents et des privilèges spéciaux, le gouvernement essaie d'acheter la fidélité des troupes. Pendant l'insurrection de Moscou, par exemple, certains soldats furent payés deux roubles par jour, ce qui faisait 150 o(o d'augmentation sur la solde de guerre. Il y a encore d'innombrables emplois demi-militaires alléchants : concierges des édifices impériaux, serviteurs de palais, gardiens de musée. Toutes ces faveurs sont distribuées pour entretenir l'attachement au régime.

La grande ressource du gouvernement, c'est la terreur. Entre les mains des officiers repose un pouvoir disciplinaire absolu. Il y a bien des limites théoriques à leur brutalité, mais on ne s'en soucie jamais lorsqu'il s'agit d'une mutinerie. Plus de la moitié des mutineries ont été, sinon causées, du moins précipitées par la brutalité des officiers. Il n'est pas rare de lire dans les journaux des paragraphes mentionnant des faits dans le genre de ceux-ci : Les troupes de telle garnison sont mécontentes de la mauvaise nourriture, de l'arrestation injuste de certains camarades ; ils rédigent une pétition. L'un d'eux est choisi pour la présenter au commandant. L'officier interrompt la lecture de la pétition et tire à bout portant sur le délégué. Pendant quelques minutes les soldats voient rouge, tuent des officiers, démolissent la caserne. Ces désordres sont tellement fréquents qu'ils n'attirent guère l'attention.

Les mutineries ont toujours été châtiées avec la dernière cruauté. Sans parler da la colère des officiers, il y a non seulement les cours martiales et les exécutions, mais, ce qui est bien pire, les années de service dans les régiments disciplinaires. Avec une exactitude implacable, Georges Kennan a décrit les horreurs des prisons politiques sibériennes, mais personne n'a encore révélé l'épouvante de ces régiments disciplinaires. Depuis que Kennan a raconté à l'univers ce qu'il savait sur la Sibérie, le gouvernement a caché ces atrocités. De temps en temps des récits d'horreur s'en échappent. En 1905, dans la fureur du désespoir, des soldats se révoltèrent dans un des camps disciplinaires de l'extrême nord, et le caractère hideux de leurs représailles mit en lumière l'horreur de leur servitude. Des officiers dégénérés y préparaient des orgies de cruauté dans le but de réveiller l'ardeur de leurs maîtresses fatiguées. La peur des régiments disciplinaires ressemble à la peur des Sept Cercles de l'Enfer. Pour un civil, adhérer au parti socialiste en Russie demande un degré de courage tout à fait inutile dans l'Europe occidentale ou en Amérique. Pour un soldat, devenir révolutionnaire demande une somme de courage triple.

La propagande des révolutionnaires dans l'armée prend la forme nécessaire pour combattre ces efforts du gouvernement. Ils poursuivent une campagne active ayant pour but de démontrer aux soldats leur solidarité fondamentale, en leur disant que s'ils tuent les paysans d'un village, d'autres soldats viendront tuer et mettre le feu dans leur propre maison. Partout et toujours, les révolutionnaires disent aux soldats qu'après leur temps de service, ils reviendront à leurs champs et à leurs familles pour y affronter les mêmes conditions d'existence que celles qui poussent leurs frères à la révolte ; et que, s'ils obéissent aux officiers aujourd'hui, d'autres soldats, suivant leur exemple, tireront sur eux un jour ou l'autre. En réponse à l'offre de privilèges et d'avantages que leur fait le gouvernement, ils aspirent au rêve social, à la nationalisation de la terre, à la substitution d'une milice volontaire au service militaire obligatoire, à une vie d'organisation logique, au lieu des peines et des misères existantes. En réponse aux menaces du gouvernement, ils donnent des exemples d'un héroïsme jamais surpassé. L'agitation dans l'armée est la plus dangereuse des besognes qui incombe aux révolutionnaires.

L'armée russe comprend trois sections principales ; les cosaques, la garde, les régiments de ligne. Les cosaques sont la police idéale, Ce corps fut organisé longtemps avant que le gouvernement ait eu à affronter une révolution, mais si l'on avait pu prévoir la crise actuelle, les premiers tsars eussent difficilement imaginé meilleure sauvegarde pour leur dynastie.

De temps en temps, au moyen âge, des gardes militaires furent établies sur les frontières, dans le but de résister aux incursions des hordes tartares. On rendait la liberté aux prisonniers, on graciait les outlaws et les bandits qui voulaient bien rentrer dans ce corps de troupe. Suivant la coutume orientale, ces gardes des frontières volaient des femmes à leurs ennemis. De génération en génération, le sang des cosaques se mélangea de plus en plus à celui des familles mongolique et tartare. On leur donnait des terres abondantes; on les exemptait de tous impôts, ainsi que de tout service pour le gouvernement, à part les combats qu'on leur apprenait à aimer. Les frontières de l'empire ayant été reculées au-delà de leurs campements, les cosaques furent enrôlés dans l'armée régulière, sous des conditions spéciales. Chaque cosaque sert cinq années, puis jouit de cinq années de liberté, pendant lesquelles il peut être appelé comme réserve , et ainsi de cinq en cinq annés alternatives dans le cours de sa vie. Ayant peu de sang russe dans les veines, ils ont peu de sympathie pour les paysans russes. Leurs larges allocations de terre les délivrent de tout mécontentement au point de vue économique. Ils sont dressés à se battre, à aimer le tsar, à égorger ses ennemis.

A côté des cosaques viennent les régiments de la Garde. Ils sont choisis dans l'ensemble des paysans pour leur stature anormale. Mieux payés que les régiments de ligne, ils sont généralement cantonnés dans les grandes villes, ont de beaux uniformes, de la bonne nourriture et un service facile. En règle générale, les soldats de la Garde entrent dans la police ou dans les services personnels une fois libérés et ils ont moins de communauté de sentiment avec le peuple que le reste de l'armée

Les régiments de ligne, formant la très grande majorité de l'armée, ne jouissent d'aucune de ces faveurs. Leurs casernes sont infectes; leur nourriture est abominable; leur service est des plus durs. Seule, la peur les fait obéir et leur unique désir est de rentrer chez eux.

Le fait que l'armée dans son ensemble n'est pas encore passée à la Révolution, n'est pas une preuve de sa fidélité au régime actuel. D'un bout à l'autre de l'empire, dans la presque totalité des garnisons ou postes militaires, des mutineries, spasmodiques et sans résultat, montrent qu'il règne dans l'armée un état de mécontentement bien plus intense que dans la masse du peuple. Il n'est peut-être pas un régiment en Russie qui ne se soit montré mécontent, dans le cours de ces trois dernières années. Malgré les plus grands risques courus dans les mutineries, les révoltes dans l'armée ont été au moins aussi générales que dans la population civile.

Les cosaques sont, somme toute, fidèles au tsar et le resteront probablement. Mais un certain nombre de révoltes ont éclaté dans la Garde. En 1906 la moitié du « propre régiment du tsar », le régiment de Preobrajenskaïa, dut être dissoût par suite de l'esprit de révolte qui y régnait. Les régiments de ligne sont empreints d'un esprit de mécontentement général et, en particulier, de haine contre les officiers. Leur sympathie pour les aspirations révolutionnaires a été souvent proclamé par eux.

On ne doit cependant point compter sur une révolte générale avec les circonstances actuelles. Ils sont prêts à déserter le drapeau du tsar, mais il leur faut quelque autre drapeau autour duquel ils puissent se rallier. La révolte du vaisseau de guerre *Potemkine* en est un exemple. Pendant l'été de 1905, les révolutionnaires avaient fait de l'agitation parmi les marins de la flotte de la Mer Noire, et leurs progrès furent tels qu'une date avait été convenue pour une révolte génerale. La révolte devait avoir lieu à la fin d'août. La crise se produisit sur le *Potemkine* avant cette date. Les autorités navales approvisionnent les marins d'aliments à bon marché. Un jour, un envoi de viande pleine de vers arriva à bord. Les marins qui y touchèrent en parlèrent à leurs aides. Le jour suivant, ils refusèrent de manger la soupe faite avec la viande rance. Le commandant interpréta ce refus comme une mutinerie. L'équipage fut rassemblé et l'officier ordonna à ceux qui voulaient bien manger ce qu'on leur offrait de se mettre en avant. Les plus entêtés reculèrent et il ordonna leur exécution immédiate. Une véritable mutinerie s'ensuivit. Avant même de s'en rendre compte, les marins étaient déjà maîtres du bateau. Les officiers qui résistèrent furent tués et jetés à la mer.

La mutinerie avait le dessus. Qu'allait-on faire ? L'amiral de la flotte reçut la nouvelle. Il envoya plusieurs autres vaisseaux pour capturer le *Potemkine*. Mais les nouveaux marins, s'ils ne se joignirent pas aux mutins, refusèrent de tirer sur eux. Le *Potemkine* restait aussi indemne que s'il avait été dans le bassin de radoub. Que fallait-il faire ? Ils ne tenaient pas à devenir pirates. Il leur aurait été facile de faire disparaître des cartes Odessa, ainsi que d'autres villes maritimes ; mais ils n'en avaient pas le désir. Ils voyagèrent à peu près sans but pendant une semaine et abandonnèrent le vaisseau dans un port roumain. Naturellement le gouvernement « fit des exemples » sur tous les mutins qu'il put attraper et la révolte de la Mer Noire fut écrasée.

Le fait n'en reste pas moins que les marins du *Potemkine* n'eurent pas de peine à se rendre maîtres de leur vaisseau et que, dans leur flotte toute entière, on ne put trouver un seul marin pour tirer sur eux. Si les forces révolutionnaires pouvaient établir un gouvernement insurrectionnel et lever un étendard auquel leur fidélité puisse être apportée, une révolte pratique de l'armée deviendrait possible.

La conduite des troupes pendant l'insurrection de Moscou montre la même disposition d'esprit. Malgré qu'aucune d'elles ne se soit jointe aux révolutionnaires, l'infanterie, presque sans exception, fut passivement de leur côté. Leur infidélité fut si apparente, que leurs officiers veillèrent à ce que la plupart d'entre eux restassent sans armes dans leurs casernes.

La cavalerie marcha contre les révolutionnaires, mais très nonchalamment, en perdant ses cartouches et en tirant en l'air. Il est à peu près certain que si les révolutionnaires avaient pris l'Hôtel de Ville, ou, par quelque succès éclatant, fait entrevoir une probabilité de victoire ultérieure, les soldats seraient venus à eux en masse.

Que le mécontentement et l'esprit de révolte règnent dans l'ensemble de l'armée, c'est un fait trop évident pour être démontré. La facilité avec laquelle les révolutionnaires ont fomenté les mutineries qui se sont déjà produites, montre avec quel empressement les soldats acceptent leur enseignement. Mais, la cherté et l'inutilité effrayantes de ces soulèvements sporadiques et prématurés sont devenues si évidentes aux troupes, que l'on ne doit point s'attendre à aucune révolte de l'armée, vaste et décisive, tant que le mouvement révolutionnaire ne se sera pas cristalisé en une forme quelconque de gouvernement, tant que n'aura pas été levé un nouveau drapeau qu'ils puissent suivre.

———

L'attentat Stolypine

Le pays était « pacifié »une fois de plus. Par des fusillades sanglantes, à Kronstadt et à Sveaborg, le gouvernement avait écrasé la révolte de l'armée. Les travailleurs révolutionnaires étaient ensevelis sous les barricades de décembre ou bien pourrissaient dans les mines lointaines de Sibérie. La protestation de la classe moyenne, à la Douma avait été réduite au silence par la dissolution et la suppression des feuilles libérales. On n'avait plus à craindre pire, si ce n'est la terreur.

Immédiatement à la suite de la dissolution, le ministère avait été remplacé et Stolypine nommé chef de cabinet. C'était un homme de fer et, sans aucun doute, le fonctionnaire le plus habile que Nicolas ait trouvé parmi ses serviteurs. Il soutenait ce principe que l'on ne pouvait arracher aucune concession à l'autocrate. Le tsar pouvait, selon son bon plaisir, accorder des réformes ; il était vrai que le manifeste d'octobre avait montré son inclination à en accorder ; mais elles doivent être reçues comme un cadeau donné librement et non comme des concessions faites à une révolte. « Il ne pourra être question de réformes, dit-il, tant que le pays ne sera point pacifié. Quand la dernière étincelle de révolution se sera envolée, le tsar pourra, si bon lui semble, vous jeter certaines miettes,» Il s'attaqua vigoureusement à l'œuvre de pacification. Il mit les trois quarts de la Russie sous la loi martiale. Le nombre des arrestations fut tel que les prisons ne purent contenir cette foule. A Rostov-sur-le-Don, l'hôpital des pestiférés, dont chacune des chambres était saturée de peste et de choléra, fut changée en prison.Stolypine inaugura les cours martiales de campagne, enlevant la liberté et même la vie des citoyens des mains de l'autorité civile, pour les remettre à des officiers irresponsables.

Ces cours étaient tenues de rendre un verdict dans les vingt-quatre heures du crime et de le mettre à exécution dans les quarante-huit heures. La moyenne de leurs victimes varia de cinq à quinze par jour, pendant plusieurs mois. C'est sous la présidence de Stolypine, que le cadet Hertzenstein fut mis à mort par un membre de la Ligue des Vrais Russes. L'organe de la Ligue, *Les Nouvelles de Moscou* annonça sa mort trois heures avant l'attentat. Mais on ne punit personne.

Après quelques mois de ce régime de terreur gouvernementale, quatre jeunes gens se rendirent à la Villa Stolypine, le jour de ses réceptions, pour le tuer. Pour une raison quelconque, ils furent arrêtés dans l'antichambre, et leur bombe fit explosion trop tôt. Le ministre échappa. Les quatre hommes périrent sur le champ, emportant avec eux vingt et quelques personnes de la foule des visiteurs, officiers, fonctionnaires, gens de la police et espions. Les correspondants étrangers résidant à Saint-Pétersbourg pleurèrent sur l'événement et ils envoyèrent à leurs journaux d'horribles détails sur les vingt-trois victimes. Les russes regrettèrent ce sang versé pour la même raison que tout peuple civilisé regrette le carnage de la guerre. Mais ils parlèrent bien plus de l'héroïsme suprême de ces quatre jeunes gens qui avaient porté la bombe et étaient allés si résolument vers la mort avec l'espoir de débarrasser le pays de son tyran le plus sanguinaire.

Un vieillard paisible, membre du parti démocratique constitutionnel, me dit ceci : « C'est horrible ! toute cette boucherie ! mais si la Révolution peut arriver à produire de tels héroïsmes, l'autocratie tombera fatalement tôt ou tard. » La dernière partie de ces paroles ,se trouvait être l'idée suprême qui hantait l'esprit de la plupart des Russes. Le gouvernement peut user de son terrorisme à l'extrême, il ne brisera pas l'héroïsme de la révolte. Avec de pareils dévouements à la cause de la Liberté, le succès de la Révolution ne peut être qu'une question de temps.

Bien des choses ont été écrites sur le Terrorisme, mais la plupart des arguments, pour ou contre, ont été affaiblis par du sentimentalisme. D'un côté, il y a des propos horrifiés sur son illégalité et ses victimes innocentes. De l'autre, des histoires bouleversantes de provocation gouvernementale. Dans leur essence même, les Révolutions sont choses illégales. Stolypine, lui-même, a reconnu qu'un état de guerre existe en Russie. Toujours la guerre réclama ses victimes innocentes. Celui qui s'en indigne ne connait rien des révolutions. D'un autre côté, aucun révolutionnaire sérieux n'a le droit de gaspiller sa personne ou ses énergies, pour une vengeance personnelle. Deux torts ne font pas une raison. Si elles expliquent le terrorisme, les atrocités barbares du gouvernement ne le justifient en aucune façon. Une grande révolution comme la Révolution Russe s'élève bien au-dessus des considérations de personnes. Le fait qu'un camarade ou un frère a été tué, qu'une épouse ou une sœur ont été outragées par les janissaires du gouvernement, ne justifie pas des représailles personnelles. Un révolutionnaire appartient à la cause et le terrorisme ne peut se justifier queparce qu'il aide cette cause.

Au fond de ceci, on trouve cette question morale : La violence peut-elle se justifier ? Un homme a-t-il le droit de recourir à la violence pour défendre ou pour établir une idée ? Le plus sanglant des terroristes russes ne fera pas l'éloge de la violence pour elle-même. La violence répugne à tout individu qui pense juste. Au lieu de convaincre l'adversaire, elle l'anéantit. Elle n'est pas un argument. N'est -elle donc jamais justifiable ? Léon Tolstoi dit : « Non ! » Quelques centaines, quelques milliers au plus de ses disciples répètent faiblement : « Non ! » Mais tout le reste de l'humanité répond tout haut : « Oui ! » Une discussion philosophique sur la non-résistance ne serait pas à sa place ici. Il suffira que chacun, pour juger le terroriste russe, se demande s'il croit à la violence.

S'il croit au droit que s'arroge l'Etat français de soutenir les principes du gouvernement populaire par la force des armes, s'il croit à la police et aux prisons, s'il croit même à l'éducation obligatoire et aux lois sanitaires, il ne niera pas que la violence c'est-à-dire l'usage ou la menace de la force, a sa place légitime dans la société humaine. S'il glorifie les exploits militaires de nos ancètres, pendant notre Révolution, ou de certains des actes violents dont l'histoire du passé et la vie du présent sont pleines, il ne pourra point condamner la violence considérée comme abstraction.

La question devient donc celle-ci : quand la violence est-elle justifiable ? Dans la conscience populaire, la violence ne reste plus simplement justifiable, mais elle devient sacrée lorsqu'il en est fait usage en faveur des Droits de l'Homme et contre la Tyrannie. Elle ne devient alors qu'une question d'utilité, de profits et de pertes. Toute cette dépense de vie et de sang en Russie, s'est-elle transformée en une augmentation correspondante de liberté humaine ?

L'insuccès du terrorisme dans le renversement du tsar n'est pas plus un argument contre lui que l'échec du mouvement prolétarien et de la Douma n'est un argument contre l'action économique ou parlementaire. Malgré que l'affranchissement de la Russie du joug de la tyrannie, but suprême de la révolution, n'ait pas été atteint, les partisans du terrorisme mettent à son actif deux résultats utiles bien distincts : il met un frein au despotisme dans certaines limites ; il encourage et ranime le mouvement révolutionnaire tout entier.

Comme tactique révolutionnaire reconnue, le terrorisme débuta il y a trente ans avec l'acte d'une jeune fille nommée Vera Zassoulitch. Un homme du nom de Trépov était commandant militaire à Saint-Pétersbourg. Des étudiants de l'Université firent une manifestation en faveur d'un gouvernement constitutionnel. Pour les punir de cette trahison plusieurs d'entre eux furent fouettés sur une place publique de la ville.

Vera Zassoulitch vivait dans une petite ville de province. Elle n'était membre d'aucune organisation politique. Jusqu'alors, son existence avait été calme et retirée, mais le récit de ces fustigations, de cette insulte à toute la Russie civilisée, la poussa à l'action. Sans consulter personne, elle se rendit à Saint-Pétersbourg et blessa le général Trépov en pleine rue. Le gouvernement n'ayant pas encore inventé ses châtiments administratifs et ses cours martiales de campagne, elle comparut devant un tribunal ordinaire et telle était la force de l'opinion publique en sa faveur que le jury l'acquitta. La fustigation des étudiants fut arrêtée.

La tactique révolutionnaire de cette jeune femme fut adoptée par une section de conspirateurs socialistes et l'on peut citer de nombreux exemples d'actes terroristes qui se placent au niveau de l'acte de Zassoulitch, qui furent reconnus éminemment justes, approuvés par l'opinion publique et qui eurent une influence directe sur la venue d'un régime plus libéral.

La Finlande est un domaine privé des tsars russes, sans lien organique avec le reste de l'Empire. Nicolas II fut le premier qui viola son antique Constitution et qui dépouilla les Finlandais de leurs coutumières libertés. Pour mener sa politique de russification et d'oppression, il nomma Bobrikov au titre de gouverneur. Les Finlandais usèrent de tous les moyens constitutionnels et légaux pour protéger lavie nationale. Ils n'y réussirent pas. Un jeune homme, le fils d'un sénateur, assassina Bobrikov. L'oppression de la Finlande prit fin. Aujourd'hui, grâce à ce jeune homme, qui est devenu un héros national, ses compatriotes jouissent de la Constitution la plus libérale qui soit au monde.

L'assassinat de von Plehve, mit fin à son régime d'oppression et la Russie fut gouvernée libéralement jusqu'au jour où l'arrivée du comte Witte à la présidence replongea le pays dans la réaction. L'effet produit par ces actes de terrorisme sur l'ensemble de l'esprit populaire est difficile à définir ou à prévoir ; il n'en est pas moins important. L'assassinat du grand-duc Serge n'eut pas d'effet appréciable sur la politique du gouvernement. Mais ce fut une bonne nouvelle pour les révolutionnaires dans toùt le pays. Tout le monde se trouvait découragé par la période de réaction gouvernementale et d'inaction révolutionnaire qui avait suivi la répression du mouvement conduit par Gapone. Tout à coup, sur toute l'étendue de la Russie, la nouvelle éclata que Serge, le plus réactionnaire des conseillers du tsar, Serge, le plus intraitable et le plus cynique des gens de la Cour, avait été tué. C'était l'annonce d'une victoire et cela donna du cœur à toutes les forces éparses de la révolte.

L'acte de Marie Spiridonova est un exemple meilleur encore. Dans la province de Tambov, les paysans enduraient les brutalités d'un vice-gouverneur anormalement pervers. Trois mois avant, j'ai traversé ce district, et la famine y était si terrible que les paysans enlevaient le chaume des cabanes pour nourrir leurs

leurs chevaux. L'hiver approchant, ils eurent besoin de combustible pour continuer à vivre. Ils volèrent donc du bois dans les forêts du seigneur. Ce fut là leur crime. Les Cosaques vinrent les pacifier. Dans chaque village, les hommes, affamés et engourdis par le froid, furent mis en ligne ; puis l'officier qui commandait les troupes demandait les noms de ceux qui avaient volé le bois. Si les paysans se refusaient à dénoncer les coupables, un homme sur dix était fouetté. On recommençait le jour suivant. Un homme sur cinq était fouetté, et l'on continuait ainsi, jusqu'à ce que ceux qui avaient volé le bois se fussent livrés. Cela semblait comme la colère de Dieu.

Désarmés, inorganisés, les paysans restaient aussi impuissants en présence de cette brutalité que devant un tremblement de terre. Marie Spiridonova tua d'un coup de feu le vice-gouverneur, auteur de tout le mal. Maltraitée par les cosaques, fouettée nue en pleine rue, puis jetée en prison, elle se meurt actuellement dans les environs du cercle polaire, aux confins de l'Extrême-Sibérie. Elle est devenue une sainte, un nom miraculeux parmi le peuple. Dans leur détresse, les paysans prient Dieu pour qu'il leur envoie une autre Spiridonova.

Bien des choses peuvent être dites en faveur du terrorisme ; mais il y a également beaucoup à dire contre lui. Il est la tactique du désespoir, la guerre contre le diable avec le feu pour arme. Là est sa faiblesse. Pour avoir le dessus, il faut être aussi méchant que le diable ou pire que lui. De ce côté-là, les révolutionnaires russes sont les plus faibles.

Au printemps de 1906 eut lieu un congrès de l'une des plus minimes organisations terroristes, les maximalistes. Pour éviter autant que possible la police, ils se réunirent dans une forêt solitaire près de Moscou. Il y avait environ quarante délégués qui, venant de villes éloignées et ne se connaissant pas les uns les autres pour la plupart, se présentèrent les uns aux autres au moyen de mots de passe et de signes. Dans le cours de la réunion, alors que des questions très secrètes étaient discutées, un délégué conçut des soupçons sur deux d'entre ceux qui étaient présents.

Il alla de l'un à l'autre de ses camarades et apprit qu'aucun ne les connaissait. On leur dit de produire leurs lettres de créance. Celles-ci n'étant pas satisfaisantes, on les fouilla. On trouva sur eux des papiers qui prouvèrent, sans l'ombre d'un doute, qu'ils étaient membres de la police secrète. Leur mise à mort fut réclamée, non seulement à cause de leur profession, mais à cause de ce qu'ils venaient d'apprendre. En continuant à vivre, ils seraient une menace pour les quarante et quelques révolutionnaires qui étaient présents. On les attacha à des arbres et deux hommes furent choisis pour les tuer. Le Comité se dispersa et laissa ces deux hommes à leur besogne. L'un fit son devoir consciencieusement. L'autre, ayant tiré plusieurs coups de feu sur son prisonnier, fut si ému par l'horreur de la situation, qu'il s'enfuit, sans s'assurer si tout était fini. Le mouchard était sérieusement blessé, mais il n'était pas tué. Le jour suivant, ses cris attirèrent un paysan qui passait. On le conduisit à l'hôpital et comme il y guérit, il put amener l'arrestation de presque tous ceux qui avaient assisté à la réunion.

Tirer sur un homme attaché à un arbre n'est du goût de personne. Mais, les agents du gouvernement n'auraient pas tremblé pour si peu. Tant que les Révolutionnaires n'apporteront pas le même degré de brutalité et d'insensibilité dans l'œuvre du terrorisme, ils ne pourront espérer vaincre le Diable dans son propre jeu.

Les résultats nets du terrorisme sont difficiles à estimer. D'un côté, nombre des meilleurs et des plus nobles russes ont perdu la vie dans cette lutte. Numériquement, leurs pertes ont été plus grandes que celles du gouvernement. Il est indubitable que l'arrestation et l'exécution de ceux qui causèrent la mort d'Alexandre II furent un coup plus grand porté au mouvement révolutionnaire que celui porté à l'autocratie par la perte du tsar. D'un autre côté, la peur d'être assassiné est un frein pour plus d'un fonctionnaire. De temps à autre, un acte d'héroïsme individuel a redonné une vie et un enthousiasme neufs à tout le mouvement.

Quant à l'effet psychologique produit sur la nation dans son ensemble, il est à mes yeux le plus important. Sa valeur est quelque chose qu'il est impossible à un étranger d'estimer. Pour la bien juger, il faut être originaire du pays, bien connaître toutes les circonstances de la lutte, bien se rendre compte de toutes les fluctuations subtiles, augmentations et déclins dans l'intensité du sentiment révolutionnaire dans la masse du peuple. Presque sans exception, les camarades russes croient que le terrorisme, par ses résultats avantageux, se trouve amplement justifié.

Les Paysans

Le gouvernement russe a résisté à l'orage causé par les révoltes des travailleurs et des classes moyennes, par les mutineries de l'armée et les actes terroristes individuels, Les travailleurs sont trop peu nombreux; la classe moyenne est trop divisée ; les révoltes de l'armée n'ont pas de but défini ; les terroristes, privés de secours, ne peuvent espérer renverser le gouvernement. Il n'y a point de probabilité immédiate qu'aucun de ces mouvements puisse réussir. L'espoir, tout l'espoir qui reste pour l'avenir se trouve avec les paysans.

Sur cent-cinq millions de citoyens russes, quatre-vingt millions sont paysans. Si ces quatre-vingt millions agissaient de concert, par le poids total de leur nombre, ils pourraient obtenir ce qu'ils voudraient. Ceux qui ne croient pas au succès de la Révolution disent que les paysans ne savent pas ce qu'ils veulent ; que si même ils le savaient, ils sont trop muets et trop stupides pour être une force active ; que n'importe comment, ils ne peuvent agir de concert.

Toutes les autres classes ayant échoué dans leurs efforts pour obtenir des réformes, l'intérêt se fixe sur les paysans, et spécialement sur les questions que voici : Que veulent les paysans ? Ont-ils assez de tête pour devenir une force politique ? Agiront-ils ensemble ?

D'innombrables ouvrages ont été écrits sur les paysans, mais il en est peu qui possèdent une véritable valeur scientifique. Certains témoignent d'un tel manque de sympathie envers les paysans qu'ils méritent peu d'attention. Certains sont superficiels, à la manière des livres interminables écrits en Amérique, par des auteurs aventureux après un séjour d'une semaine dans une fabrique ou dans un district ouvrier. D'autres enfin, évidemment inspirés par une profonde sympathie et par une longue étude, sont gâtés par un parti-pris visible de la part de l'écrivain.

Il y a deux grandes écoles d'opinion en Russie, l'une qui soutient que le développement russe a été et sera unique, l'autre que le progrès de la Russie doit suivre le cycle de l'Europe occidentale. Ces deux philosophies opposées n'ont pas seulement été la cause de la principale scission dans le mouvement socialiste — Parti Socialiste Révolutionnaire et Parti Social Démocrate —, mais ils sont encore visibles dans toutes les branches de la pensée. Suivant la première école, l'organisation des communautés paysannes sur des principes coopératifs et communistes est une institution éminemment russe ; cette tendance socialiste est un progrès et elle contient le germe de la future évolution du pays. Suivant l'autre école, ces phénomènes de coopération sont les seules survivances d'un communisme universel ; elles doivent disparaître afin que la Russie puisse prendre son rang de pays industriel capitaliste à côté des autres nations européennes.

Avec le désir de soutenir l'une ou l'autre de ces théories, nombre de russes instruits ont passé des années à étudier les conditions de la vie paysanne. En général, ils ont observé les faits à travers une théorie préconçue, au lieu de suivre la seule méthode scientifique qui eût été de bâtir leur théorie sur des faits observés. Il est toujours facile de trouver des faits pour étayer une théorie ; il est toujours difficile d'en observer qui y soient opposés. Certaines de ces études de la vie paysanne sont extrêmement contradictoires. Il est probable qu'il y a erreur des deux côtés, et que la vérité est quelque part entre les deux.

Il n'est plus nécessaire à présent d'avoir recours aux livres pour se renseigner sur les paysans. Dans ces deux dernières années, ils ont trouvé leur voix et parlé par eux-mêmes. L'Union Paysanne et le Groupe du Travail ont formulé leurs revendications d'une manière qui dissipe tous les doutes.

L'Union Paysanne débuta en novembre 1905, et, dans la première convention, rassembla cent et quelques délégués paysans venus des différentes parties de l'Empire. L'Union se présenta au peuple, non comme un parti politique, en demandant à adhérer à un certain programme défini, mais comme une organisation de classe ayant pour but d'élaborer un manifeste de classe. A cette fin, la convention rédigea un appel aux paysans qu'elle fit largement circuler. Elle y expliquait, dans la langue la plus simple, l'objet de l'organisation, insistant auprès des paysans pour qu'ils organisent des groupes locaux dans leur village, pour qu'ils envoient des noms de membres au Comité Central et, par dessus tout, pour qu'ils formulent leurs revendications.

Une liste de revendications proposées accompagnait l'appel, pour servir de base, mais les paysans étaient priés de les examiner avec soin, de biffer celles qui ne les intéressaient pas, d'en ajouter d'autres selon leurs besoins locaux, ou, s'ils le désiraient de les remplacer par d'autres entièrement différentes. Le groupement de ces réponses fut contrarié par la grève postale qui précéda l'insurrection de décembre, et arrêté définitivement par les mesures répressives qui la suivirent. Mais, avant l'explosion, le Comité Central en avait déjà reçu plusieurs milliers, et plus d'un million de paysans s'y trouvaient inscrits. Venant des points de l'Empire les plus distants les uns des autres, ces documents montraient une merveilleuse similitude dans les besoins des paysans. Il y avait bien quelques désiderata spéciaux ; les paysans proches des rivières demandaient que la pêche soit débarrassée de certaines restrictions, etc.

Mais, somme toute, leurs revendications étaient étonnamment uniformes. La plupart de ces papiers ont été dispersés par des irruptions policières répétées, au Bureau central, à Moscou. La perte est incalculable, à cause de leur ressemblance avec les rapports envoyés aux Etats Généraux de 1789 par les paysans français, et qui donnaient une peinture si vive de la situation de ce pays avant la Révolution,

Cette solidarité surprenante de l'immense classe paysanne fut montrée par le Groupe du Travail à la Douma. A chaque occasion, les députés exprimaient les revendications paysannes. Afin que leurs délégués ne fassent aucun oubli, les paysans employèrent les grands moyens pour leur rafraîchir la mémoire. Durant le cours de la session, quelque chose comme vingt mille lettres et télégrammes furent reçus par les députés paysans pour leur rappeler les désiderata de leurs électeurs. De plus, près de cent « inspecteurs » furent envoyés des différentes localités pour surveiller les actions de leurs représentants et veiller à ce qu'ils fassent leur devoir.

Les paysans avaient choisi beaucoup d'hommes jeunes et instruits comme députés : maîtres d'école, secrétaires de village et autres ; mais ces inspecteurs étaient invariablement des vieillards, des types de paysans à grande barbe et aux regards pensifs. Ils étaient rassemblés dans les tribunes et au buffet du palais de la Douma. Ils étaient disposés à converser, et quiconque le désirait pouvait connaître l'état d'âme des paysans.

Les revendications des paysans sont de deux sortes : les revendications fondamentales et unanimes, et celles qui sont subsidiaires ou non-unanimes. Les revendications fondamentales se sont concrétisées dans le cri paysan : « La Terre et la Liberté ! » Pour les paysans, la terre va de pair avec l'air et le soleil. Elle est une nécessité pour tous et ne peut être accaparée par personne. Sur ce principe, ils sont aussi d'accord que quatre-vingt millions d'individus peuvent l'être.

Même dans les provinces où la forme communale de la propriété est disparue ou n'a jamais existé, un grand nombre de paysans, propriétaires légaux du sol, souscrivent à cette idée de la non-possession de la terre. Aujourd'hui, les paysans se rendent compte que, s'il y a une quantité d'air suffisante pour les besoins de chacun, il n'y a pas suffisamment de terre, et qu'une forme quelconque d'organisation pour la distribution du sol doit exister. Nous touchons ici une fois de plus à ce principe universellement accepté, que la terre doit appartenir à celui qui la cultive de ses mains. Tout ce qui va au-delà est du détail et, naturellement, il y a grande divergence d'opinion, quelques-uns acceptant la proposition socialiste de la propriété et de la direction centralisées, d'autres désirant la perpétuation de la forme communale existante, et certains se ralliant plus étroitement à la théorie de Henry George. Mais tous s'unissent à nouveau sur ce principe que ces détails doivent être réglés localement.

Le désir de liberté des paysans est concret également. Le paysan connaît peu de chose sur le gouvernement central de Pétersbourg, et il s'en soucie encore moins. Bien des gens lui ont dit qu'il devait aspirer à une république démocratique, et il commence à le penser aussi. N'ayant que peu d'aptitudes à la lecture, ce qu'il lit çà et là ne lui semble pas moitié aussi réel que ce qu'il voit. Ses désiderata sont fatalement locaux. Lorsqu'il réclame la liberté, il entend par là la liberté locale. Les paysans qui vinrent à la Douma comme députés et ceux qui possèdent le rare privilège de pouvoir lire ont une conception plus large de la liberté, mais toutes leurs idées politiques ont l'unité locale pour centre, et elles s'étendent graduellement jusqu'aux affaires nationales et internationales. Le paysan est fondamentalement fédéraliste. Il se soucie bien plus d'abolir la tyrannie des fonctionnaires locaux que du renversement du tsar. La communauté paysanne est bien plus démocratique dans ses travaux que telle assemblée municipale du Massachussets.

Tout ce qu'ils réclament du gouvernement central, c'est qu'il ne se mêle pas de leurs affaires locales. Cette idée de décentralisation fait partie de leur programme de la distribution de la terre. Ils veulent la terre, toute la terre, remise à la procédure des comités locaux pour leur être distribuée. Avec cette revendication de la liberté va de pair la réclamation d'une amnistie pour tous les prisonniers politiques.

Les paysans ne comprennent pas toujours les agitateurs, et ils ne sont pas toujours compris d'eux, mais, en général, ils se rendent compte que les prisonniers politiques ont été arrêtés pour avoir travaillé à leur assurer la Terre et la Liberté, et pour cette raison, ils sont leurs amis.

Les désiderata secondaires sont multiples, et ils ne sont pas aussi unanimes, principalement parce que les conditions économiques locales diffèrent profondément. Les principales sont la liberté de la presse, la liberté de la parole et de la discussion publiques, l'abolition du système des passeports, le droit de changer librement de résidence, une réforme radicale des impositions la réduction du service militaire, l'égalité des Juifs et le suffrage des femmes.

Pour nombre d'Occidentaux, qui croient habituellement que les paysans ont la haine du Juif, ce sera une surprise d'apprendre que lorsque le sujet vint en discussion sous la forme d'une adresse du Groupe du Travail, à la Douma, le suffrage en faveur de l'égalité des Juifs fut de 96 voix contre une voix. Les paysans sont plus disposés à donner l'égalité des droits politiques aux Juifs qu'à leurs propres épouses. Ce dernier desiderata est peut-être le moins unanime de ceux ci-dessus mentionnés.

Il est une légende, généralement admise dans l'Occident, qui veut que les paysans russes soient absolument inintelligents, très peu supérieurs aux brutes. Ne comprenant pas le parler des paysans, *les intellectuels russes* les taxent de stupidité. Cela ressemble à ce sergent irlandais, en garnison dans l'Inde, qui accusait de stupidité un intellectuel hindou, parce qu'il ne pouvait réciter la table de multiplication en anglais.

Les preuves de la force mentale du paysan sont trop nombreuses pour être détaillées : je ne m'arrêterai donc qu'à l'une de ses manifestations, le système légal. La sagesse des paysans est sociale, plutôt qu'individuelle. Elle est l'ensemble de l'esprit des masses et non l'enseignement d'individualités. Cela ressort clairement de leur administration de la justice. Les paysans russes n'ont point de légende d'un législateur.

Point de Moïse ou de Solon, qui, inspiré par Dieu, leur ait donné un système de lois toutes faites. Leur loi, elle vient de naître. Les Romains ont eu le Code de Justinien, les Français le Code Napoléon : en Russie,il y a la loi paysanne.

Nulle autre institution ne reflète aussi bien le développement mental d'un peuple que son système judiciaire. A ce point de vue, les paysans russes ont quelque droit de se montrer fiers. Les Russes ont deux mots qui se traduisent par « loi » — « Zakon » signifiant édit ou loi humaine, et « Pravda » signifiant loi naturelle, comme lorsque nous parlons d'une loi physique ou astronomique. Les paysans ne se servent que du mot « pravda », Leurs lois ne sont ni écrites ni consacrées, mais elles existent dans l'esprit du peuple, comme principes d'élémentaire justice. On statue sur chaque cas, selon ses intérêts propres.

Dans une classe de l'Ecole de Droit de New-York, le professeur expliquait un jugement important, et l'un des étudiants fit une objection : « Notre professeur, dit-il, cela ne semble être ni juste, ni loyal. » — « C'est la loi, répliqua le professeur, avec cynisme. Si l'éthique vous intéresse, jeune homme, vous feriez mieux d'entrer dans un séminaire théologique. Ici, c'est une école de Droit. »

Les paysans russes ne comprendraient pas ce point de vue. Pour eux, la loi n'est pas autre chose que la morale, et son unique fonction est de rendre la justice. La loi n'étant pas écrite, il n'y a pas de « lettre de la loi » pour en dénaturer l'esprit.

Un autre bon côté du système paysan, c'est qu'il n'est pas formaliste, qu'il n'a pas développé de caste légale d'avocats et de juges. Le juge est élu pour trois ans et pris dans son sein. Son salaire n'est pas suffisant pour vivre et, en dehors de deux ou trois jours d'audience par semaine, il cultive sa part de terre avec les autres paysans. Comme il n'inspire pas de crainte, il n'est pas besoin d'hommes de loi intermédiaires. La loi n'est pas ignorée. Les principes élémentaires de l'honneur et de la justice sont connus de tous. De ce côté-là, également, les spécialistes légaux sont inutiles.

La justice de ces humbles cours démocratiques fait l'étonnement et le désespoir des gens instruits. « Elle n'est pas uniforme, s'exclament-ils ; vous ne pouvez pas dire à l'avance ce que sera la loi. » En effet. Vous ne pouvez pas vous asseoir pour mûrir le dessein de blesser ou de spolier votre voisin parce qu'il a dépassé d'un cheveu les limites légales. Mais à moins que vous ayez cherché à blesser ou à spolier votre voisin, vous n'avez rien à craindre. J'ai appris un cas de dispute entre deux voisins qui se termina en une rixe où les figures furent abîmées. On les amena devant la cour et après que le juge leur eut fait un sermon amical sur l'amour fraternel, et fait remarquer que les hommes avaient un meilleur moyen que les bêtes pour régler leurs discussions, il envoya chercher une bouteille de vodka, puis tous se serrèrent la main et burent à une amitié ininterrompue. C'était, somme toute, une bien meilleure solution, quoique moins classique, que d'avoir renforcé les sentiments hostiles, en envoyant l'agresseur en prison.

Le point le plus intéressant et le plus significatif de leur conception de la légalité, c'est leur façon de répartir les biens d'un individu après sa mort. Seule la terre est possédée en commun ; la propriété individuelle existe sur tous les autres objets : chevaux, outillage de ferme, animaux, etc. La loi des héritages a causé aux juristes du monde entier plus d'ennuis que toute autre chose. Partout ailleurs, dans la pratique, la base de la distribution des héritages est la naissance. Chez les paysans russes, c'est le travail. Le petit pécule est réparti entre ceux qui ont contribué à le créer, et en raison de la valeur de leur contribution. Si le fils aîné a quitté la famille de bonne heure, pour chercher fortune à la ville, et s'il a vécu sa vie par lui-même, sans collaborer à la bourse familliale, il ne doit point prétendre à sa répartition, et les plus jeunes fils qui ont travaillé côte à côte avec le père en hériteront entièrement.

S'il est arrivé qu'un beau-fils ait habité la maison et apporté sa part de travail à la fortune familiale, il reçoit sa part au même titre que les fils. Cette théorie du travail, base du droit de propriété, que les paysans ont exprimée si fortement, quant à la question de la terre, se retrouve dans toute leur existence. Ce qu'un homme a fabriqué lui appartient. Ce principe, le principe fondamental du socialisme est plus généralement admis chez les paysans russes que partout ailleurs au monde.

Presque toutes ces institutions paysannes traversent une crise terrible. Chacune d'elles est menacée par la pression des forces économiques ou l'ingérence directe du gouvernement. Les Artels, groupes coopératifs de fabrication, s'épuisent à lutter contre la grande industrie, stimulée artificiellement. Après des années des lois répressives dirigées contre les communes villageoiees, le gouvernement les a enfin abolies, L'officier de police résidant dans chaque village parvient souvent à corrompre le juge paysan. Mais l'esprit de communisme démocratique qui inspira ces institutions, s'il est méconnu, n'est pas tué. Cette intelligence sociale naturelle, qui a permis aux paysans de les développer, a éte atteinte, mais non détruite.

Ce fait a été amplement démontré aux rares occasions où, par quelque hasard, les paysans se sont affranchis de l'oppression gouvernementale. En décembre 1905, les fonctionnaires furent délogés d'une demi-douzaine de districts, et jusqu'à ce que les Cosaques soient venus « rétablir l'ordre », après un intervalle de deux mois dans nombre de cas, les paysans se gouvernèrent avec une stabilité et une libéralité au-dessus de tout éloge. Il y a quelques années, en Sibérie, des explorateurs traversèrent un village inconnu. La plupart des habitants étaient des fugitifs des camps de prisonniers. Laissés à eux-mêmes, ils avaient vécu une vie propre, ordonnée, heureuse, élisant leurs fonctionnaires par la plus simple des démocraties, arrangeant leurs affaires d'après cette inhérente conception de la justice, qui est comme une part de l'âme de chaque paysan russe. Les explorateurs firent le récit de leur découverte. Le village fut inscrit sur la carte officielle. La police vint au village, puis les prêtres et les prostituées. La corruption, le vol, le service militaire et tous les fruits de la civilisation fondirent sur les villageois. Mais les explorateurs s'étaient suffisamment intéressés à ce petit village « non civilisé » pour écrire sur lui à la longue avec enthousiasme.

Grâce à leur rapport, il est possible de se rendre compte avec un grand degré d'exactitude de ce que sera la Russie lorsque les exploiteurs gouvernementaux auront été expulsés et que le paysan pourra organiser les choses à sa convenance. Tels sont donc l'esprit du paysan, ses besoins et son idéal. Il est évident, d'après ceci, que ses revendications sont révolutionnaires. Pas plus que la cabale qui règne à Saint-Pétersbourg, nul gouvernement au monde ne consentirait à la nationalisation de la terre, ou à la doctrine socialiste que le travail est la seule base de la propriété. Pour réaliser ces revendications, le paysan devra livrer bataille.

Tous les quotidiens russes ont régulièrement une colonne de « désordres paysans » et souvent plusieurs colonnes. Parfois, les paysans tuent le chef de la police locale. Parfois, ils brûlent les fermes du seigneur ou bien font du bois dans son parc. Parfois les jeunes gens se refusent à entrer dans l'armée. Parfois, le gouvernement doit fouetter les paysans pour en tirer des impôts. Souvent la révolte est éphémère et se trouve étouffée par la police locale. Quelquefois, elle est plus sérieuse et demande des jours pour être réprimée. Il n'y a qu'une bien petite part de l'Empire où le sang n'a pas coulé dans ces levées paysannes. Tôt ou tard, elles ont toutes été écrasées. La révolte de villages isolés reste vaine.

Nous nous trouvons ici en présence de cette dernière question : les paysans s'uniront-ils dans la révolte ? Si l'on pouvait répondre catégoriquement à cette question, ou bien les obligations du gouvernement russe monteraient bien au-dessus du pair, ou bien elles feraient écrouler la Bourse. Seul, un prophète pourrait y répondre.

Tout ce que l'on peut faire de mieux, c'est de noter quelques-unes des multiples forces qui groupent les paysans ou qui les tiennent séparés. Les forces centrifuges sont formidables. La vastitude de l'Empire est telle que toute unité d'action parait impossible. Les distances sont si grandes que la moitié du pays est déjà sous les frimas alors que les rivages de la Mer Noire sont encore dans les chaleurs. Cette divergence dans les saisons est grave. Si les paysans se soulèvent, tout le monde le dit, ce sera après la moisson. Mais cette saison tombe avec des écarts de mois entiers. Les voies ferrées sont rares. Le télégraphe et le courrier sont entre les mains du gouvernement. Les communications, difficiles par elles-mêmes dans un pays non développé, sont gardées par les policiers. Ajoutez à tout cela les divergences de langues, de races et de coutumes. Un américain peut difficilement se faire une idée de la force de désintégration de ces divergences sociales.

Tout le monde, néanmoins, n'est pas aussi pessimiste. Les forces centripètes existent, elles aussi. L'Union Paysanne, les partis politiques, le Groupe du Travail ont prêché l'action d'ensemble. Dans la mesure du possible. ils ont surmonté l'obstacle des distances et du défaut de communications. Leurs proclamations et leurs brochures ont été répandues avec une énergie incessante. La contrebande des armes ne s'est encore jamais opérée sur une aussi grande échelle. Dans nombre de localités, des organisations de combat se sont formées et partout les plus avancés et les plus conscients des paysans se préparent à la lutte finale. La famine et le désespoir ont fort travaillé à démolir le mur des différences de races. Grands Russiens, Petits Russiens, Lithuaniens, Lettons, Arméniens, Tartares, tout ce vaste assortiment de races se trouve plongé dans le même abîme de misère. La faim est plus forte que la foi ou que la langue. Partout, les agitateurs rapportent que les paysans veulent une organisation et des armes, mais le nombre des travailleurs est restreint et l'argent manque, le champ d'action est vaste et la force toute entière du gouvernement qui veille est à paralyser.

Les paysans comme les soldats ont appris ce que coûtent les révoltes sporadiques. Quiconque, voyageant en Russie, parvient à gagner la confiance des paysans entendra partout la même histoire : « Oui, me dit un paysan, notre village s'est révolté deux fois. »

— Qu'avez-vous fait ? demandai-je.

— Nous avons tué quelques-uns des soldats et pris les armes des autres. Nous avons élu notre commune et divisé la terre.

— Et ensuite ?

— Quelque temps après, les soldats sont venus ; certains d'entre nous ont été tués, certains exilés et tous ont été fouettés.

— Vous révolterez-vous encore ?

— Oui, un jour ou l'autre.

— Quand ?

— Quand tous les paysans marcheront.

Nul ne sait au juste quand cela sera. Mais presque dans tous les villages de l'Empire, les paysans pensent à ce jour prochain. Les révoltes passées ont été de sanglantes leçons, mais elles ont été bien apprises. Ils ont appris qu'il est facile de disposer des troupes de leur localité : il n'y a que les troupes du dehors qu'ils doivent craindre. Si tous les paysans se lèvent d'un coup et désarment les forces locales, il ne restera plus de troupes disponibles. Tout cela, ils l'ont étudié à fond, avec leur méthode critique, sûre d'elle-même, Naturellement, cela aidera, s'ils détruisent les voies ferrées. Si vous chevauchez dans la campagne avec un paysan intelligent, il désignera exactement les ponts qui doivent sauter. En traversant son village, il désignera le poste de police. « Il y a là vingt fusils et des provisions de cartouches, dira-t-il, nous les prendrons quelque nuit. Chaque matin, quand je vois les gens de la police qui les astiquent, je me mets à rire. C'est pour moi qu'ils enlèvent la rouille ». Dans ces paroles ou dans des paroles semblables les paysans, dans tout l'Empire vous feront part de leurs plans d'action. Le jour viendra, pensent-ils, où ils se révolteront tous ensemble. Ce n'est seulement qu'une question de temps. Cela peut venir cette année, ou l'année prochaine. Je ne serais pas surpris si la révolte éclatait demain.

Aucune organisation ne possède une influence suffisante pour provoquer ce soulèvement simultané. Les pessimistes ont raison quand ils disent que les paysans ne sont pas organisés. Mais il est un côté de la vie russe qui ne doit pas être oublié et qui, selon moi, est gros d'espérance. De temps à autre, des vagues psychologiques ont passé sur la Russie et ont produit une action d'ensemble, quoique non organisée. Dans les années soixante-dix, il y eut « le Mouvement vers le Paysan ». Tout-à-coup, sans aucun avertissement, sans aucun plan préalable, plusieurs milliers de jeunes gens, sur toute l'étendue de l'Empire, décidèrent de ranger leurs bouquins, de quitter leur toit et leurs aises et d'aller au peuple. Ce fut un mouvement intensif de colonisation sociale. Il n'y avait point de comité central derrière ce mouvement, point d'idée concrète de ce qu'il y avait à faire. Les jeunes gens instruits voulaient connaître les paysans. L'idée de vivre parmi le peuple fut si contagieuse que l'influence familiale, pas plus que les persécutions de la police ne purent enrayer cette étrange croisade. Aucune explication de ce mouvement n'est satisfaisante. Il reste un mystère malgré de nombreux livres. Il a eu lieu, voilà tout. Et il démontra l'existence d'une solidarité sociale tout à fait inconnue en Russie.

La première grève générale montra le même phénomène. Elle n'était pas organisée. Aucun comité ne l'avait proclamée. Dix jours, une semaine, trois jours avant qu'elle fut accomplie, nul n'aurait pu la prédire. Elle vint tout à coup sans la moindre préparation. Comme une vague de marée, elle balaya la vie industrielle de la Russie. D'un seul coup, tous cessèrent le travail, à la même heure.

La révolte paysanne naîtra de la même façon. Les travailleurs les aideront, de même que l'élément révolutionnaire, l'armée et la classe moyenne. Avant le soulèvement simultané, l'autocratie s'effondrera ainsi qu'un château de cartes, la socialisation de la terre et la liberté locale seront devenues des réalités. Du chaos des manoirs incendiés et des fonctionnaires égorgés, une forme quelconque de gouvernement se dessinera. Basé sur l'esprit démocratique et coopérateur de ces quatre-vingt millions de paysans russes, ce sera sans doute un gouvernement de justice et d'équité naturelles, comme notre vieux monde n'en a pas encore rêvé.

D. A. BULLARD.

Imprimerie de la Colonie communiste 'L'ESSAI,, Aiglemont (Ardennes)

EN VENTE AUX TEMPS NOUVEAUX

COLLECTION DE LITHOGRAPHIES

Voici ce qui nous reste au prix d'édition :

Capitalisme, par Comin'Ache. — **Education chrétienne,** par Roubille. — **La Débâcle,** dessin de Vallotton, gravé par Berger. — **Le dernier gîte du trimardeur,** par Daumont. — **L'Assassiné,** par C. L. — **Souteneurs sociaux,** par Delannoy. — **Les Défricheurs,** par Agar. — **Les Bienheureux,** par Heidbrinck. — **La jeune proie,** par Lochard. — **Le Missionnaire,** par Willaume. — **Frontispice,** par Roubille.

Ces lithographies sont vendues **1** fr. **25** l'exemplaire sur papier de Hollande, franco **1** fr. **40.**

Nous avons en dehors de la série :

Aux petits oiseaux, il donne la pâture..., lithographie de Willette, **2** fr., **3** fr. et **5** francs. — Réduction des **Errants,** de Rysselberghe, **1** fr. **40** et **3** fr. **25.**

Il nous reste un petit nombre :

L'homme mourant, L. Pissaro. — **Les Sans-Gîte,** par C. Pissaro. — **Sa Majesté la Famine,** par Luce. — **On ne marche pas sur l'herbe,** par Hermann-Paul. — **La vérité au Conseil de Guerre,** par Luce. — **Mineurs Belges,** par Constantin Meunier. — **Ah ! les sales Corbeaux,** par J. Hénault. — **La Guerre,** par Maurin. — **Epouvantails,** par Chevalier. — **Provocation,** par Lebasque. — **Le Calvaire du mineur,** par Couturier. — **Ceux qui mangent le pain noir,** par Lebasque. — **La Libératrice,** par Steinlein.

Nous les mettons à **2** francs.

L'Incendiaire, par Luce. — **Porteuses de bois,** par C. Pissaro. — **L'Errant,** par X. — **Le Démolisseur,** par Signac. — **L'Aurore,** par Willaume.

Elles sont en vente au prix de **3** francs

Il ne reste qu'un nombre très limité de collections complètes. Elles sont vendues **75** francs l'édition ordinaire, **150** celle d'amateur.

Nous avons également, comme frontispice à nos volumes du supplément, cinq superbes lithographies en couleurs qui peuvent très bien s'encadrer :

Celle du 1er volume est de Willaume (épuisée), reste quelques exemplaires à 5 francs. Pour le 2e volume, de Pissaro, 2 francs. Pour le 3e volume de Luce, 2 fr. Pour le 4e volume de Lebasque, 2 francs. Pour le 5e volume de Hermann-Paul. — Tirage d'amateurs, 3 fr 50.

Repaire de Malfaiteurs, par Willaume, tirage Ordinaire, 1 fr. 50 ; tirage d'amateur, 3 fr. 50. — Il en reste très peu des deux.

EN VENTE AUX " TEMPS NOUVEAUX "

Aux Jeunes Gens, par KROPOTKINE, couverture de ROUBILLE (1)............
La Peste religieuse, par J. MOST..............................
L'Education libertaire, D. NIEUWENHUIS, couv. de HERMANN-PAUL..........
A Emile Zola, par Ch. ALBERT..................................
Enseignement bourgeois et Enseignement libertaire, par J. GRAVE couverture de CROSS......................................
Le Machinisme par J. GRAVE avec couverture de LUCE.....................
Les Temps nouveaux, KROPOTKINE, avec couverture de PISSARRO.........
Pages d'histoire socialiste, par W. TCHERKESOFF..........................
La Panacée-Révolution par J. GRAVE, avec couverture de MABEL...........
L'Ordre par l'Anarchie, D. SAURIN..............................
A mon Frère le paysan par E. RECLUS, couv. de L. CHEVALIER..............
La Morale anarchiste, par KROPOTKINE. couverture de RYSSELBERGHE.........
Déclarations, D'ETIÉVANT, couverture de JEHANNET........................
Rapports au Congrès antiparlementaire, couv. de C. DISSY..............
La Colonisation, par J. GRAVE, couverture de COUTURIER...............
Entre paysans, par E. MALATESTA, couverture de WILLAUME..............
Le Militarisme, par D. NIEUWENHUIS, couverture de COMIN'ACHE...........
Patrie, Guerre et Caserne, par Ch. ALBERT couv. d'AGARD...............
L'Organisation de la vindicte appelée Justice, par KROPOTKINE, couv. de J. HÉNAULT..
L'Anarchie et l'Eglise, par E. RECLUS et GUYOU, couv. de DAUMONT........
La Grève des Electeurs, par MIRBEAU, couv. de ROUBILLE.................
Organisation, Initiative, Cohésion, J. GRAVE, couv. de SIGNAC............
Le Tréteau électoral, piécette en vers. par LÉONARD, couv. de HEIDBRINCK..
L'Election du Maire, id., par LÉONARD couverture de VALLOTON...........
La Mano Negra, couverture de LUCE..............................
La Responsabilité et la Solidarité dans la lutte ouvrière, par NETTLAU couverture de DELANNOY.......................................
Anarchie-Communisme, KROPOTKINE, couverture de LOCHARD...............
Si j'avais à parler aux électeurs, J. GRAVE, couverture de HEIDBRINCK.....
La Mano Negra et l'opinion française, couverture de HENAULT...........
La Mano Negra, dessins de HERMANN-PAUL...........................
Entretien d'un philosophe avec la Maréchale, par DIDEROT couv. de GRANDJOUAN...
L'Etat, son rôle historique, par KROPOTKINE, couverture de STEINLEN......
Le Patriotisme, par un bourgeois, suivi des déclarations d'Emile Henry....
La Grève générale, par BRIAND.................................
L'antipatriotisme, par HERVÉ..................................
Militarisme, par FISCHER......................................
La Guerre, par MIRBEAU.......................................
Affaire de l'attentat de la rue de Rohan (Plaidoirie de M. Izouard.......
Le Mensonge patriotique, MERLE.................................
L'Amour libre, Madeleine VERNET.................................
L'Education de demain, LAISANT.................................
Contre le brigandage marocain, HERVÉ.............................
Deux Tsars, par M. S..
Vers la Russie libre, par BULLARD, couv. de GRANDJOUAN.................
Un an dans la Révolution russe, par BULLARD............................
Le Syndicalisme dans l'Evolution sociale, J. GRAVE, couv. de NAUDIN.....

(1) Prises dans nos Bureaux, les petites brochures se vendent 0 fr. 05 ou 0 fr. 10 en … l'affranchissement.

www.ingramcontent.com/pod-product-compliance
Lightning Source LLC
LaVergne TN
LVHW020448230826
846091LV00004B/1593
9782016144138